I0083427

V

TRAITÉ

du Négociant en Vins

EAUX-DE-VIE ET LIQUEURS.

V

Typographie Ange JUMELAIS, imprimeur à Fougères.

C.

TRAITÉ

DU NÉGOCIANT

DE VINS ET EAUX-DE-VIE

SUIVI DE

L'ART DE FAIRE LES LIQUEURS

contenant les meilleurs

PROCÉDÉS POUR FAIRE LE TRAVAIL DES VINS ET DES EAUX - DE - VIE,
AVEC PLUS DE TROIS CENTS RECETTES POUR FABRIQUER
TOUTES LES LIQUEURS ET LES FRUITS
A L'EAU-DE-VIE,

PAR C.-C. DORNAT,

ex-tonnelier, distillateur, etc.

SE TROUVE :

CHEZ L'AUTEUR, A SAINT-JEAN-D'ANGÉLY

CHARENTE-INFÉRIEURE

Préface.

Je ne suis pas le premier à publier un *Traité du Négociant de Vins et Eaux-de-vie*. Sous des titres à peu près homologues, ont été jetés au milieu du public plusieurs ouvrages tout aussi insignifiants dans le résultat des opérations qu'impossibles dans l'exécution des expériences, souvent même exposant à n'en venir à aucun but. Travaillée avec crainte sans être sûr d'arriver, la science y est souvent dénaturée, ou n'y siége que sur des échafaudages inaccessibles aux esprits vulgaires ; il y règne partout une indécente confusion des matières.

Qu'on se garde bien de confondre avec ces compilations au moins compliquées, mon Traité : ici, chaque procédé a ses limites ; chaque partie, la place qui lui convient.

Ces procédés sont le fruit de plusieurs années d'expérience et d'essais couronnés de pleins succès. Simplifiés par les découvertes de nos meilleurs chefs de magasin, ces procédés peuvent être exécutés sans crainte de ne pas arriver à un bon résultat ; et, avant de les transmettre au public et réunir l'utile au grand but d'intérêts, l'auteur a voulu s'assurer de leur efficacité aussi bonne que facile à expliquer en peu de mots ; il a suffit pour cela d'assigner à chaque effet sa cause. En suivant ces procédés on arrivera à des résultats surprenants. J'ai épuisé les expériences de cette science à fond, et j'ose dire que j'offre aux commerçants ce qu'il y a de plus utile dans cette belle partie.

Nous avons beaucoup de livres et de journaux qui soumettent aux yeux des lecteurs plusieurs recettes nouvelles et perfectionnées ; mais ces écrits sont passagers ; quand vient le jour d'en faire usage ils ne se trouvent plus. Je crois donc rendre un service à l'industrie et étendre ses connaissances, en publiant ce Traité dont j'ai pris tous les soins possibles pour décrire exactement tous les procédés et les rendre de manière à en donner l'intelligence la plus claire et la plus précise à ceux qui en liraient la description. Ces soins sont le devoir de celui qui entreprend de travailler pour la science publique, ayant été d'ailleurs aidé moi-même par ceux qui ont ouvert la carrière dans laquelle je me suis hasardé de faire quelques pas. Je prie donc, en conséquence, le lecteur de croire que je n'ai voulu admettre dans ce Traité, aucun procédé dont les effets n'eussent été reconnus à l'avance par moi ou mes amis.

1re Partie.

VINS EN GÉNÉRAL.

Origine du Vin.

La vigne est de la famille des plantes vinifères.

Cette plante est originaire des forêts de l'Asie-Mineure.

Les Phéniciens l'apportèrent en Italie, puis à Marseille d'où sa cul-
ture se répandit dans les Gaules. L'empereur Julien dit, en 360, qu'il
cultivait de fort bon vin dans sa chère Lutèce, qui était alors renfermée dans l'île de la Cité, aujourd'hui la ville de Paris.

M. Chaptal dit dans son Traité qu'il est difficile d'assigner l'époque
précise où les hommes ont commencé à fabriquer le vin ; cette pré-
cieuse découverte paraît se perdre dans la nuit des temps, et l'origine
du vin a ses fables comme tous les objets qui sont devenus d'une uti-
lité générale.

Athénée prétend qu'Oreste, fils de Deucalion, vint régner en Etna et qu'il y planta la vigne. Les historiens s'accordent à regarder Noé comme le premier qui ait fait du vin dans l'Illyrie, Saturne dans la Crète, Bacchus dans l'Inde, Ossiris en Egypte et le roi Guérion en Espagne.

Le poète qui assigne à tout une source divine, aima à croire qu'après le déluge Dieu accorda le vin à l'homme pour le consoler de sa misère. Il n'est pas sur l'étymologie de versions sur lesquelles les auteurs n'aient produit des opinions différentes. Mais à travers cette longue suite de fables, dont les poètes, presque toujours mauvais historiens, ont obscurci l'origine du vin, il nous est permis de saisir quelques vérités précieuses, et dans ce nombre nous pouvons placer sans crainte les faits suivants : Il est peu de productions naturelles que l'homme se soit appropriées comme aliment, sans les altérer ou les modifier par des préparations qui les éloignent de leur état primitif : les farines, les viandes, les fruits, tous reçoivent par les soins de l'homme un commencement de fermentation avant de servir à sa nourriture.

Il n'est pas jusqu'aux objets de luxe, de caprice, de fantaisie auxquels l'art ne donnât des qualités particulières ; mais c'est surtout dans la fabrication des boissons que l'homme a montré le plus de sagacité : à l'exception de l'eau et du lait, toutes sont son ouvrage ; la nature ne forma jamais de liqueur spiritueuse, elle pourrit le raisin sur le cep, tandis que l'art a converti le suc en une liqueur agréable, tonique et nourrissante qu'on appelle *vin*.

Non seulement les écrivains de l'antiquité attestent que l'art de fabriquer les vins leur était connu, mais ils avaient déjà des idées saines et exactes sur ses diverses qualités, ses vertus, ses préparations. Pline, qui vivait l'an 62 de Rome, nous apprend que les anciens Romains étaient fort soigneux à se procurer les vins les plus excellents, dont toute la différence ne provenait que des endroits où ils se faisaient. Il nous en décrit deux sortes : l'un doux, l'autre acerbe. Le fameux Falerne et celui de la Campanie (ou Terre de Labour), province du royaume de Naples, faisaient partie de ces deux sortes ; ils étaient de ces temps les meilleurs vins de l'Italie.

Au rapport d'Athénée, il n'est pas jusqu'au vin mousseux dont les anciens n'aient eu connaissance. En lisant ce que les historiens nous ont laissé sur l'origine des vins que possédaient les anciens Romains, il paraîtrait douteux que leurs successeurs eussent ajouté aux notions qu'ils avaient de ce genre.

Par des lois bizarres, le vin de raisin n'était guère en usage en France, sous les première et deuxième races de nos rois. Les vins de mûres, de coins, de grenades, etc., étaient seuls usités. Les *Capitulaires de Charlemagne* parlent de deux vins, appelés le *Madon* et le *Nectar*, faits avec différents jus de fruits et de miel. Sous la troisième race, il est question du vin d'épices, où l'on employait tantôt les épices douces, comme le sucre, dont on faisait dès-lors quelques usages ; tantôt les aromates, comme la canelle, l'ambre, le musc et quelquefois le piment, qui sont au nombre des épices fortes. C'est de cette mixtion qu'est résulté le fameux *hippocras* si vanté par les anciens Romains, et dont on faisait honneur à Hippocrate, l'auteur. Louis XIV honora de son suffrage ce vin, et la ville de Paris lui en faisait présent chaque année d'un certain nombre de bouteilles.

On voit que le vin était d'une bien mince importance autrefois, et quoique les anciens avaient sur ces préparations des idées saines et exactes, ils paraissent néanmoins avoir ignoré l'art d'en extraire l'*esprit*. C'est Arnault de Villeneuve et Raymond Lulle qui ont donné les premières notions de la distillation des vins, quoique cependant l'esprit de vin paraîtrait remonter à une époque plus reculée. La distillation a donné une nouvelle valeur à cette production territoriale, non seulement elle a fourni une boisson plus forte et incorruptible, mais elle a fait connaître aux arts le véritable dissolvant des principes aromatiques, en même temps qu'un moyen aussi simple que sûr de conserver et de préserver de toute décomposition putride, les substances animales et végétales. C'est sur cette propriété remarquable que se sont établis l'art du vernisseur, du parfumeur, du liquoriste et autres, formés sur les mêmes bases.

FABRICATION DES VINS ARTIFICIELS.

La fabrication des vins factices jouit d'une grande réputation en Europe, et elle est une des principales branches de commerce du Midi de la France. Ces vins se distinguent entre eux par le bouquet, qui est la base de leurs qualités ; ils sont classés en deux catégories : vin liquoreux et vin généreux. Les vins liquoreux sont chargés de matières sucrées, tels sont les vins de Malaga, Alicanthe, Muscat ; les vins généreux sont très-riches en alcool, comme la plupart des vins du Midi, etc.

La plupart des personnes qui font usage de ces vins ignorent leur fabrication et croient qu'ils se récoltent tels en Espagne en Italie, etc. ; elles ne savent pas que plusieurs villes du Midi de la France, entr'autres Cette, en fabriquent des milliers de bouteilles qui sont expédiées dans l'univers entier.

Je vais donner ci-dessous la manière et les diverses préparations à suivre pour fabriquer les vins factices ; tous ces vins peuvent être imités sans que l'homme le plus habitué à en faire usage, reconnaisse cette fraude.

Préparation du Moût pour imiter les vins factices.

Après avoir fait choix d'une certaine quantité de raisin bien mûr, dont on aura eu le soin d'ôter les grains pourris ou piqués, on presse légèrement pour obtenir le moût que l'on fait bouillir à petit feu, ayant soin d'enlever l'écume au fur et à mesure qu'elle monte ; on continue cette opération jusqu'à la réduction d'un tiers, et une fois froid, on y ajoute, par cent litres, vingt-cinq litres d'eau-de-vie à 22 degrés de Cartier, puis on filtre ; par la suite ce vin devient par excellence et sert à la préparation d'autre vin que je vais décrire ci-dessous. On peut encore préparer le moût à froid qui sert aussi à fabriquer les vins qui demandent cette préparation. Je ferai cette distinction dans les recettes suivantes, et dans ces cas ces deux espèces de moût prennent le nom de *Calabre fait à chaux* et *Calabre fait à froid*. Ce dernier se prépare de la manière suivante : après avoir fait choix de raisin bien mûr et très-doux, foulé et pressé légèrement, on ajoute, par cent litres de moût, vingt-cinq litres d'eau-de-vie à 22 degrés ; on laisse reposer et on tire au clair.

Ces préparations mélangées avec d'autres vins, en petites proportions, tout en les empêchant d'aigrir et de tourner, les fortifient et leur donne le corps d'un vin généreux. On peut aussi imiter ces vins avec un vin quelconque, en y ajoutant, par cent litres cinq kilogrammes de sucre blanc et six litres d'eau-de-vie à 22 degrés.

Malaga.

Prenez 25 litres moût blanc (calabre fait à chaux),
1 kilo 500 gr. véritable raisin sec de Malaga ,
500 gr. sucre en poudre,
12 gr. cachou,
16 gr. de carthame.

On pile les ingrédients ci-dessus en y ajoutant quelques gouttes de vin de la composition ; on fait bouillir ce mélange une minute seulement dans quatre litres du même vin ; puis on l'ajoute au reste des vingt-cinq litres, en y mêlant un demi-litre d'infusion alcoolique de noix vertes (1) ; plus dix grammes d'esprit de goudron liquide (2). Si on ne le trouvait pas assez foncé, on le colore avec du caramel ; on filtre ou on le colle et on le met en bouteilles.

Madère.

Pour 25 litres de moût blanc (calabre fait à froid),
1 kilo 500 gr. figues sèches,
90 gr. fleur de tilleul ,
6 gr. rhubarbe orientale,
1/2 gr. aloès succotin.
51 gr. coques d'amandes torréfiées comme le café.

On fait bouillir le tout une minute dans deux litres du même vin, et

---

(1) Voir à l'article *Eaux-de-vie* pour la préparation.
(2) L'esprit de goudron s'obtient en distillant de l'alcool sur le quart de son poids de goudron. On pourrait encore lui donner le goût de vieux en l'imprégnant légèrement de fumée de goudron brûlé sur de la paille.

on y ajoute un demi-litre infusion de noix vertes et dix grammes esprit de goudron liquide. On mélange le tout, et au bout de deux mois on filtre et on met en bouteilles.

Frontignan.

Pour 25 litres vin blanc (calabre fait à froid),
750 gr. raisin muscat sec,
16 gr. noix muscade râpée,
6 gr. fleur de sureau,
250 gr. sucre pilé.

Le tout bien délayé dans deux litres du même vin, mettez le tout ensemble, infusez pendant un mois, filtrez et mettez en bouteilles.

Lacryma-Christi.

25 litres moût rouge (calabre fait à froid),
500 gr. raisin de Corinthe,
52 gr. fleur de pavot,
110 gr. safranum,
4 gr. cachou,
225 gr. coriandre.

On fait bouillir le tout une seule minute dans deux litres du même vin et on l'ajoute au reste après huit jours d'infusion. On filtre et on met en bouteilles.

Xérès.

25 litres moût blanc (calabre fait à froid),
500 gr. sucre blanc,
6 gr. fleur de sureau,
6 gr. fleur de tilleul.

On procède comme si on voulait faire du thé, et lorsque c'est froid on ajoute l'infusion aux vingt-cinq litres, et au bout de deux mois on colle à la colle de poisson (voir sa préparation), et on met en bouteilles.

Muscat.

25 litres de moût blanc (calabre fait à froid),

6 kilog. raisin muscat sec,

250 gr. fleur de sureau en infusion dans un demi-litre d'eau, comme le thé.

On pile bien le raisin dans une certaine quantité de la composition ; on ajoute le tout ensemble et on laisse infuser pendant trois mois ; on presse et colle à la colle de poisson, ou on filtre et on met en bouteilles.

Bordeaux.

On prend une barrique de 228 litres, bon vin rouge vieux, on le colle avec un demi-litre de sang de veau, (1) afin de le dépouiller d'une partie de sa couleur ; on répète cette opération jusqu'à ce qu'il soit entièrement dépouillé, trois mois en trois mois, en y ajoutant à chaque fois deux litres d'eau-de-vie à 22 degrés, et au bout de ce temps on y met une quantité suffisante d'essence de Médoc (voir sa préparation).

Saint-Georges.

Une barrique vin rouge vieux très-couvert,

2 litres d'eau-de-vie,

Un demi-litre d'essence Médoc,

Calament un demi-verre (voir sa préparation).

Porto.

Aux vendanges on fait choix de raisin rouge le plus mûr et le plus noir possible, ayant soin d'ôter les grains défectueux, on le foule légèrement pour en obtenir vingt-cinq litres dans lesquels on ajoute 1 kilo 500 grammes de cassonade brute, on le met dans un petit baril pendant huit à dix jours, afin que le vin soit coloré ; puis on le soutire et on y ajoute un litre et demi d'eau-de-vie. Au mois de mars on le soutire de nouveau ; puis on suspend pendant quinze jours par la bonde un nouet composé de 4 grammes cachou, 8 grammes fleur de

---

(1) On peut remplacer le sang par douze blancs d'œuf la première fois, neuf la seconde et six les autres ; c'est un peu plus long.

carthame, 52 grammes fleur de tilleul. Au bout de ce temps, on le soutire pour la troisième fois et on le met en bouteilles.

Malvoisie.

25 litres vin rouge vieux,
25 litres moût blanc (calabre fait à froid).

Prenez galanga, gingembre, clous de girofle, quatre grammes de chaque espèce ; concassez le tout que vous faites infuser pendant 48 heures dans un demi-litre d'eau-de-vie à 22 degrés ; mettez cette infusion dans votre vin, et faites un noûet du reste enfermé dans un linge que vous suspendez dans votre baril pendant huit jours, et vous l'en retirez en y ajoutant deux litres d'eau-de-vie ; trois mois après on met en bouteilles.

Mâcon.

Trois kilogrammes cinq cent grammes de raisin sec de caisses, séparez les grains des grappes mettez-les dans un petit fût où il y a eu récemment du vin rouge, ôtez-en le bondon et mettez 25 litres d'eau de rivière, ajoutez deux litres jus de raisin de sureau et un litre esprit de vin 5/6, laissez fermenter le tout pendant quatre jours ayant soin de remuer tous les 6 à 12 heures ; remettez le bondon, et au bout de six semaines collez avec deux blancs d'œufs et mettez en bouteilles.

Imitation des vins de Chypre.

Faites choix de cinq litres de suc de raisin de sureau (bai de sureau) bien mûr que vous pressez légèrement ; vous y ajoutez 40 litres eau de rivière avec 4 kilog. 140 gr. de sucre pilé, plus 52 grammes de gingembre et 16 grammes clous de girofle ; vous faites bouillir le tout sur un feu doux pendant une heure, puis vous le retirez. Une fois froid on le verse dans une petite futaille de contenance, et on y ajoute 1 kilog. raisin noir écrasé qu'on laisse séjourner jusqu'à ce que le vin ait pris une jolie couleur ; on y ajoute deux litres d'eau-de-vie, on filtre ou on colle, et quelques jours après on met en bouteilles. Ce vin par sa couleur et son goût ne laisse rien à désirer au vin de Chypre.

Imitation des vins de Tokay.

On fait choix d'une certaine quantité de raisins blancs de la meilleure qualité et dans la plus grande maturité possible, ayant soin d'en extraire toutes les graines défectueuses ou pas mûres ; on les laisse exposés au soleil pendant douze jours ; puis ensuite on en extrait le moût que l'on met dans une bassine (1) de 25 litres, sur un feu doux, au point d'arriver à une légère ébullition ; on le retire du feu et on y ajoute de suite 80 grammes chlorure de sodium (sel marin) ; on laisse refroidir et l'on met un litre d'eau-de-vie. Quinze jours après on soutire et on met en bouteilles.

Faire avec du vin blanc, sans le secours d'aucun aide, un **vin mousseux et doux,** *qu'on prendrait pour du champagne.*

Après avoir fait un choix dans la vendange, vous pressez légèrement pour en obtenir 50 litres de vin de goutte ; vous retirez 25 litres de votre futaille, puis vous y faites brûler environ 50 centimètres de mèche (voir leur préparation); battez pendant un quart d'heure et faites le plein de la futaille. Le lendemain on procède encore à la même opération en faisant brûler 50 centimètres de mèche et en le battant de nouveau ; on répète cette opération six ou sept fois dans autant de jours. On le laisse reposer et on le tire au clair, ce qui arrive au bout de trois à quatre jours. La mèche soufrée a pour but d'empêcher sa fermentation. Ce vin se garde facilement ; on l'appelle *vin Muet.* Il conserve sa douceur. On pourrait y ajouter un litre ou deux d'eau-de-vie au cas où l'on trouverait qu'il manquerait de force. Les vins blancs du Midi, connus sous le nom de *Clairette* subissent la même opération.

Vin du Rhin.

Prenez 25 litres de vin blanc vieux et le meilleur possible,
52 grammes écorces de citron desséchées,

---

(1) On doit se servir pour toutes les opérations de bassines ou vases en cuivre rouge non étamé.

1 kilo 256 gr. miel bien écumé (on fait fondre le miel et on l'écume),

1 demi-litre eau de rose,

250 gr. cassonnade.

On laisse le tout infuser pendant huit jours, ayant soin de remuer tous les jours. Faites une décoction avec 62 grammes de semence d'ormin dans un demi-litre d'eau bouillante, ou 62 grammes de tige d'ormin, infusez pendant trois jours par la bonde, après quoi on le retire, on colle à la colle de poisson et on le met en bouteilles.

Vin de raisin appelé Muscat.

On fait choix de raisin muscat le plus mur, on enlève les grains de la grappe, en trillant ceux trop verts ou pourris, et on ajoute 100 gr. fleur de sureau pour 50 kilog. de raisin ; on verse le tout dans une bassine, on le fait bouillir pendant une minute et on le verse dans un tonneau. Il faut le laisser reposer pendant quatre à cinq heures et y ajouter six litres d'eau-de-vie. Passer ce mélange dans un linge ou tamis afin de faire sortir les matières grossières qui s'y trouveraient. On le remet dans un baril et on y ajoute 10 grammes de sucre pilé par litre. Un an après soutirer et coller, puis mettre en bouteilles.

Vin de raisin appelé Francpineau.

On fait choix de raisin noir le plus mûr possible, l'égrainer et jeter ce qu'il y a de défectueux. On exprime le tout pour en retirer le jus que l'on met dans un tonneau, et chaque 25 litres de liquide ajouter 8 litres d'eau-de-vie à 22 degrés. Laisser fermenter pendant un an, soutirer, coller et mettre en bouteilles.

Vin blanc d'Absinthe.

Pour cent litres vin blanc, prenez 1 kilog. 500 grammes d'herbe d'absinthe, 50 grammes de racine d'aunée, 50 grammes d'anis concassé, une orange coupée en quatre, 16 grammes de coriandre, 50 grammes de fenouil, 50 grammes d'herbe de menthe, 16 grammes de tige d'angélique. Après quinze jours d'infusion, tirez au clair et filtrez.

Excellent vin qui coûte 5 fr. 50 c. les 50 litres.

Prenez un baril de 50 litres, mettez-y 2 kilog. pommes sèches coupées en quatre, un kilog. pruneau concassé, 500 gr. raisin de caisse ; remplir le tonneau d'eau de rivière et le laisser fermenter pendant six à sept jours à une température ordinaire (15 degrés), boucher le tonneau avec du gros papier sur lequel on met du sable ou de la cendre ; après huit ou dix jours mettez en bouteilles. Ce vin fait l'effet du champagne.

Travail du Champagne.

Le vin de Champagne mousseux est celui de tous les vins dont la fabrication est la plus compliquée. Il ne peut être de bonne qualité que lorsqu'il est fait avec les meilleures espèces de raisin, encore faut-il choisir les plus mûrs et les plus sains.

La fabrication des vins mousseux est d'une grande importance. On peut imiter ces vins dans différents vignobles autres que ceux de Champagne. Voici le mode de fabrication qui me fut transmis par un fabricant même de ces contrées :

Pour bien faire ou imiter ces vins, il faut 1° attendre les vins nouveaux ; 2° triller dans la vendange afin de faire un choix des raisins les plus mûrs, ayant soin d'ôter tous les grains pourris ou piqués ; 5° ne prendre que des raisins rouges cueillis de grand matin à la rosée. On les presse une première et une deuxième fois, le moût obtenu par la première pressée est blanc, celui de la seconde a une teinte rosée d'où découle le vin le plus estimé ; du pressoir il coule dans des cuves destinées à cet usage où on le laisse environ 56 heures, afin qu'il puisse se clarifier et se débarrasser d'une partie du ferment qu'il contient. On y introduit ensuite deux litres d'eau-de-vie à 22 degrés par hectolitre de vin, pour lui donner le corps nécessaire ; puis on le soutire, mais avant cette opération on fait brûler environ 5 cent. de mèche par barrique. Il faut tenir constamment les barriques pleines afin que le liquide rejette une partie des matières étrangères qu'il contient encore. Lorsque la fermentation a cessé on les remplit une dernière fois et on les bondonne comme à l'ordinaire. Il faut les laisser reposer jusqu'à la fin de décembre ; à cette époque on les soutire de nouveau et on les colle à la colle de poisson ; un mois après on leur fait subir la même opération. Vers le milieu du mois d'avril on délaie dans 5 ou 6 litres du même vin deux kilogrammes de sucre candie, puis un litre d'eau-de-vie ; on ajoute le tout à chaque pièce de 228 litres, et après y avoir mis ce mélange, on colle de nouveau. Huit jours après il est parfaitement clair, on peut mettre en bouteilles.

La mise en bouteilles est une opération qui demande beaucoup de soin. Les bouteilles doivent être fortes et bien rincées ; les bouchons ne sauraient être de trop bonne qualité. Pour bien boucher il faut remplir les bouteilles à deux doigts du bouchon et se servir de presse à boucher, à défaut de cette dernière boucher avec la plus grande précision possible, ayant soin d'assujétir avec un fil de fer la pousse du vin ; l'humidité pourrit la ficelle. On les met en tas dans un endroit à la température de 12 à 15 degrés centigrades (ni chaud ni froid). Au bout de sept mois on les met sur une planche qui est percée exprès, les trous un peu évasés afin que les bouteilles ne se trouvent pas le goulot droit en bas, qu'elles perdent leur aplomb ; il s'agit d'en faire sortir le dépôt qui s'y est formé pendant ce temps ; pour cela on prend chaque bouteille en la tenant de la main droite, le bouchon en bas, on lui imprime un mouvement de tournoiement qui détache le dépôt et le fait tomber au goulot. On procède à cette opération chaque jour jusqu'à ce que le dépôt soit bien tombé, ce qui se voit au moyen d'une chandelle allumée placée de l'autre côté de la bouteille. S'il est clair et limpide alors on procède au dégorgement, ce qui se pratique de la manière suivante, en tenant toujours le goulot en bas et la débouchant avec le plus de précaution possible (dans la Champagne on se sert d'un ciseau pour couper le fil de fer) ; on laisse alors couler le dépôt qui doit être environ de douze bouteilles par cent. On remplira les bouteilles avec du vin bien clair. Il y a des vins qui exigent jusqu'à deux ou trois dégorgements, et lorsque c'est le dernier on y ajoute la liqueur qu'on a dû fabriquer en même temps que la mise en bouteille, et dont voici ci-dessous le procédé. On bouche avec de nouveaux bouchons, on ficèle et on y met le fil de fer que l'on recouvre de la feuille de plomb ; on pose enfin l'étiquette et dès ce moment ce vin peut-être livré au commerce.

Liqueur de Champagne.

50 kilog. sucre candie (1) broyé en poudre,
120 litres du même vin,
4 litres cognac première qualité.

On met le tout dans une barrique que l'on remue tous les jours afin de bien faire fondre le sucre, puis on filtre (voir filtration des liqueurs); on le remet dans la barrique et au dernier dégorgement on y ajoute cette liqueur dans la proportion suivante : une bouteille de liqueur pour huit de champagne. En procédant exactement de la manière ci-dessus, tous les vins peuvent être champanisés ; aussi en fabrique-t-on dans plusieurs de nos départements. On peut essayer sur une petite quantité en suivant le procédé et les proportions ci-dessus ; l'on arrivera de cette manière au même résultat que ceux d'Aï et d'Epernay.

Conservation du moût connu sous le nom de

Vin muet ou clairette

Prenez du vin de goutte, c'est-à-dire de celui qui coule sans être pressé par le pressoir. On en remplit une barrique cerclée en fer, on en met un large sur la bonde afin qu'elle ne puisse s'échapper. On enduit tout l'extérieur de la barrique de plusieurs couches de vernis résistant à l'eau, et on la met dans l'eau pendant cinquante jours ; au bout de ce temps on la soutire ; il ne faut pas mettre le contenu dans un endroit chaud afin d'éviter la fermentation. On peut aussi conserver du moût une année en y mettant 1 kilog. 750 grammes de moutarde pulvérisée par barrique. La moutarde blanche a la propriété d'agir sur les agents fermentatifs.

Autre.

Après avoir fait un choix dans la vendange on presse légèrement pour en obtenir 250 litres de vin de goutte. Il faut retirer la moitié de la futaille et y faire brûler 30 cent. de mèche. Le battre un quart

---

(1) Le sucre candie doit-être du sucre de canne, car celui de betterave exciterait la fermentation, qui occasionne souvent la casse des bouteilles.

2

d'heure au moins, et faire le plein de la futaille. Le lendemain on procède à la même opération en y faisant brûler la même quantité de mèche et le battant de nouveau. On répète cette opération six ou sept jours de suite ; et trois à quatre jours après le tirer au clair. Ce vin se garde facilement ; on l'appelle *vin muet* ou *clairette*. Au cas où il manquerait de force, ajouter un litre ou deux d'eau-de-vie, et s'il n'avait pas assez de douceur, un kilog. de miel avant l'opération.

PROCÉDÉS DIVERS POUR AMÉLIORER LES VINS.

Disposition d'une bonne cave.

Je ne saurais trop recommander les idées de M. Chaptal à cet égard. (Voir son ouvrage sur l'*Art de faire les vins*, p. 254, 2ᵉ édition). Beaucoup d'autres points importants.

Temps propre à soutirer les vins.

Par suite de la fermentation le vin dépose dans les tonneaux après le décurage de cette matière grossière que l'on nomme *lie*, et qui n'est autre chose qu'un mélange de tartre et de matière colorante qui occasionne souvent la perte du vin. Il est donc essentiel de le séparer de cette lie en le soutirant et en le changeant de tonneau par divers moyens et aux époques que je vais décrire ci-dessous.

Les vins sont ordinairement clairs, c'est-à-dire dépouillés des impuretés dont ils sont chargés, vers la fin de février, le plus tard le 15 mars. C'est dans ce temps qu'il faut procéder au soutirage en les séparant de leurs lies, avant l'équinoxe du printemps, ou du moins avant que la sève de la vigne ne soit montée, ce qui produit une sensibilité sur le vin et l'excite à la fermentation. Pour faire cette opération, il faut choisir un temps sec, clair et tempéré, vent au nord, car les vents du sud font remonter dans le vin les parties les plus légères de la lie ; ce qui rendrait le soutirage inutile si on opérait par ce temps.

Le soutirage des vins s'opère de différentes manières ; mais voici, selon moi, la meilleure : l'emploi du soufflet et du boyau en cuir (1), principalement pour les vins blancs auxquels le contact de l'air est toujours nuisible, et souvent les excitent à jaunir. On peut soutirer les ins rouges à la canelle ; car le siphon est, à mon avis, un mauvais moyen, étant assujetti à aspirer une certaine quantité de lie.

Collage ou clarification des vins.

Le collage des vins est très-important et a pour objet d'appeler leur clarification. Cette opération consiste à y introduire une certaine quantité de blancs d'œufs ou de colle de poisson, de dix à douze grammes par hectolitre, substance essentiellement composée d'alumine. Ces substances ont la propriété de se coaguler dans le vin et de former un réseau solide qui entraîne au fond des tonneaux toutes les matières étrangères qu'il tient en suspension. Les blancs d'œufs doivent être battus de manière à ne former qu'une écume, et la colle de poisson oit-être aussi liquide que possible lorsqu'on la verse dans les tonneaux, ans toutes les parties desquels il faut la faire pénétrer en agitant fortement à l'aide d'un fouet ou d'un bâton fendu en quatre. Toutes clarifications dépendent principalement de la précipitation des parties grossières ou des impuretés suspendues dans le vin, qui non seulement le rendent opaque, mais encore lui donnent souvent mauvais goût.

Les matières mentionnées ci-dessus par lesquels on obtient cette précipitation, sont certaines substances dont les parties grossières et visqueuses, peuvent se combiner avec cette lie suspendue, et qui, venant à se précipiter, l'entraîne avec elles ; d'autres substances de telle nature que leur partie s'associe avec les plus terreuses de la lie, se précipitent avec elle par leur propre poids ; telles sont les pierres et les cailloux calcinés, le marbre blanc, l'albâtre réduit en poudre, la craie, etc.; ou enfin des substances capables d'entraîner, de diviser ou peut-être de dissoudre cette partie terreuse, tels que le sel, le plâtre, l'alun, etc.

---

(1) Je ne donnerai nullement d'explication sur ces deux articles qui sont, je crois, connus de tout le monde.

Colle de Poisson.

La colle de poisson se prépare de la manière suivante : 62 grammes de cette colle en feuilles que l'on coupe bien menue et que l'on met dans un verre d'eau froide en été et tiède en hiver ; au bout de 24 heures si la colle est de bonne qualité elle doit se pétrir facilement, autrement vous la laissez jusqu'au lendemain, et lorsque vous voyez qu'elle peut se pétrir, vous la triturez alors entre vos mains de manière à faire une pâte que vous brisez et rebrisez jusqu'à ce qu'elle soit bien liante et qu'il ne reste aucun grumeau. Quand elle est bien broyée, on la met dans un grand plat et l'on y ajoute l'eau qui a servi à l'amollir, puis on la délaie le mieux possible avec une cuiller ; elle devient en bouillie que l'on allonge en mettant 6 litres de bon vin blanc, remuant toujours ; elle doit avoir la consistance de gelée de viande. On la met dans des bouteilles bien bouchées pour s'en servir au besoin. Un demi-litre dans une barrique de vin blanc, eau-de-vie ou bière.

Soufrage des vins.

Le soufrage des tonneaux consiste à les imprégner de vapeur sulfureuse obtenue par la combustion de mèches soufrées qu'on y introduit tout enflammées et qu'on y laisse brûler jusqu'à ce qu'elles s'éteignent d'elles-mêmes (1), ce qui a lieu lorsque tout l'air renfermé dans les tonneaux qu'on a eu soin de boucher après l'introduction des mèches, se trouve remplacé par l'acide sulfureux. Cet acide qui est bientôt absorbé par les parois des tonneaux, a, par la suite, la propriété de retarder le développement insensible de la fermentation par cause de l'effet qu'il produit sur les agents fermentatifs, ainsi qu'au vin lui-même, tout l'oxigène dont-ils se sont emparés au contact de l'air. Je vais donner la manière de faire les mèches soufrées sous plusieurs formes.

---

(1) Il faut avoir la précaution de relever le petit morceau de linge brûlé ou résidu de la mèche.

Mèches soufrées ordinaires.

Prenez un kilogramme de soufre cassé que vous faites fondre ; des bandes de vieille toile, longues d'environ 20 à 25 cent. et larges de 4 cent., vous les imprégnez de soufre fondu et vous les mettez en réserve pour vous en servir au besoin.

Mèches parfumées, pour donner bon goût au vin rouge.

Dans 500 gr. de soufre fondu, ajoutez :
52 gr. calamus aromaticus,
50 gr. fleur de valette,
50 gr. iris de Florence en poudre,
Vous procédez de la même manière que ci-dessus, et la longueur pour une barrique est de 5 ou 6 centimètres.

Mèches végétales, pour la conservation de tous les vins.

Prenez 62 gr. iris de Florence en poudre ;
50 gr. épice,
50 gr. coriandre.
On réduit toutes ces substances en poudre que l'on tamise ; on fait fondre 1 kilog. de soufre, et on y met cette poudre. On passe les bandes de toiles deux ou trois fois afin qu'elles forment presque un demi-centimètre d'épaisseur ; la longueur par barrique est comme ci-dessus.

PROCÉDÉS DIVERS SUR LES VINS ET LES MAUVAIS GOUTS DES FUTS.

Goût de moisi au vin.

On prépare un autre tonneau vide de bon vin, sans le rincer, l'on fait brûler une mèche soufrée, on soutire le vin moisi dedans et on prend 76 gr. noyaux de pêche pilés que l'on mêle au vin ; d'un autre côté, on prend 20 clous de girofle, 10 gr. de canelle, 20 gr. de coriandre. Il faut concasser le tout et le suspendre dans le tonneau par un nouet dans un linge de toile pendant quinze jours, ayant soin de remuer tous les jours ; au bout de ce temps retirer le petit sac, et le vin n'a plus de goût. En cas que l'on n'aurait pas de noyaux de pêche, on doublerait la quantité de canelle, clous de girofle et coriandre, et on laisserait infuser cinq jours de plus. On peut encore ôter le goût de moisi en y ajoutant 500 gr. d'huile d'olive première qualité, et agiter fortement pendant une demi-heure, et vingt-quatre heures après on peut le soutirer.

Oter aux tonneaux le goût de moisi.

La vapeur du chlore, ou la solution de chlore de chaux, de soude, de potasse, ont la propriété de désinfecter entièrement les futailles. On peut aussi mettre 2 kilog. chaux vive dans 15 litres d'eau que l'on bat bien dans la barrique ; après cette opération on rince à plusieurs eaux et on mèche avant de mettre le vin. On peut encore enlever le goût de moisi aux futailles, en les imprégnant d'une solution d'acide sulfurique, 550 grammes dans un litre d'eau et on agite pendant une demi-heure dans tous les sens ; on rince plusieurs fois à l'eau bouillante et à plusieurs fois.

Corriger un vin aigre et moyen de le guérir.

Prenez 750 gr. marbre blanc réduit en poudre fine,
5 kilog. orge bouilli dans 4 litres d'eau réduit de moitié et passé à travers un linge ;
70 gr. charbon animal,
200 gr. sucre.
Ajoutez ceci aux ingrédients ci-dessus que l'on met dans une futaille de 230 à 250 litres ; après avoir bien brassé on y ajoute 500 grammes crème de tartre en poudre très-fine et brasser de nouveau. S'il n'est pas assez fort d'esprit, on le soutire pour le couper avec d'autre vin, afin qu'il ne retourne pas à l'aigre.

Oter le goût d'aigre aux barriques.

On met environ 50 litres d'eau bouillante dans une barrique, et on fait rougir des cailloux que l'on y jette en même temps. Il faut répéter cette opération à deux ou trois reprises, ayant toujours soin de bien brasser à chaque fois.

Adoucir un vin vert.

On prend 2 kilog. miel que l'on fait bouillir dans du vin, on l'écume ; plus 250 gr. de tartre en poudre, on met cette préparation dans la barrique de vin avec dix blancs d'œufs et leurs coquilles ; le tout mêlé et bien battu.

Oter le goût de fût au vin.

Après avoir fait choix d'une futaille de bon goût et fraîchement vide, on y introduit une mèche soufrée, puis une certaine quantité de lie fraîche ; on soutire le vin fûté dedans. Prenez 50 noix, séparez les quatre amandes que vous faites griller au même point que le café et vous les jetez brûlantes dans votre futaille (228 litres), vous collez avec six blancs d'œufs et leurs coquilles, et une poignée de sel, agitez fortement et faites le plein ; vous recouvrez la bonde d'une mie de pain sortant du four dans laquelle vous avez piqué de la canelle et quelques clous de girofle. Au bout de six heures vous le soutirez dans une autre futaille (les noix pourraient donner leur goût de brûlé au vin) ; puis on les bondonne bien. D'après ce procédé vous aurez d'excellent vin et le goût en aura entièrement disparu.

Pour faire passer le goût d'éventé on prend la lie de trois barriques fraîches vides, que l'on introduit dans la barrique éventée, en l'agitant tous les 12 heures pendant 15 jours ; on laisse reposer et on y ajoute un litre d'eau-de-vie, et on soutire.

Amertume des vins.

Le meilleur moyen de remédier à ce défaut est de prendre un demi-litre d'esprit de vin dans lequel on aura imbibé des bandes de toile, jusqu'à ce que l'esprit soit absorbé. Vous prenez un méchoir et vous suspendez ces bandes comme des mèches dans votre futaille ; une fois qu'elle sont toutes consommées, vous faites brûler une mèche soufrée, et vous mélangez autant de vin analogue à celui qui est altéré.

Pour ôter la mauvaise odeur du vin il faut mettre dans la barrique et dans un petit sac, une bonne poignée d'ache de jardin, au bout de huit jours la retirer.

Vin tourné.

Prenez une barrique fraîchement vide, méchez-la fortement, et soutirez votre vin. Prenez ensuite 125 gr. de noir-animal, 62 gr. d'acide tartrique en poudre et mettez-les dans la barrique. Enfin prenez huit œufs (jaunes, blancs et coquilles), et une bonne poignée de sel que vous battez bien dans six litres du même vin, vous ajoutez le tout au vin en lui donnant un coup de fouet. Il faut y mettre ensuite deux litres d'eau-de-vie et un demi-litre d'essence de médoc, et vous fouettez de nouveau.

Graisse des vins blancs.

On le soutire s'il est sur lie et on le colle à la colle de poisson. On fait rougir du sable de mer ou autre, ou encore des coquilles d'huitres calcinées, environ un kilog. par barrique, on y ajoute deux litres d'eau-de-vie et une poignée de sel, on l'agite fortement pendant un quart d'heure, et au bout de quinze à vingt jours on soutire.

Oter la couleur jaune aux vins blancs.

Lorsque le vin est soutiré on le fouette avec la colle de poisson et on y ajoute un litre de lait écrémé et bouillant ; il faut avoir soin de fouetter sur le lait. Au bout de quinze jours on soutire.

Règle à suivre pour toutes les maladies du vin et ses améliorations.

Il faut qu'il soit toujours hors de lie et par un temps sec pour pouvoir le travailler, rincer les barriques à l'eau bouillante, puis à l'eau fraîche, ensuite les mécher. Mettez en le fouettant une ou deux bouteilles d'eau-de-vie en vous réglant sur la manière dont il est corsé et si vous voulez le mettre en bouteilles, ne laissez jamais passer plus d'un mois sans le fouetter, à moins qu'il ne fasse un temps comme il est expliqué au soutirage.

M. Rosier a proposé de faire fermenter le moût et d'améliorer les vins par l'addition du miel, dans la proportion de 500 gr. par 100 litres de moût. Tous ces procédés reposent sur le même principe, savoir : qu'il ne se produit pas d'alcool où il n'y a pas de sucre, et que la fermentation de l'alcool est conséquemment la générosité proportionnée à la quantité de sucre existant dans le moût. D'après cela il est évident que l'on peut porter son vin au degré de spirituosité qu'on désire, quelle que soit la quantité primitive du moût, en y ajoutant plus ou moins de miel ou de sucre. D'après les expériences, M. Rosier a prouvé que le produit de la fermentation est très-supérieure au prix des matières employées pour les quantités d'esprit ou d'eau-de-vie que l'on retire en plus; de sorte qu'on peut présenter ces procédés comme économie et comme matière à spéculation.

Pousse des vins.

Il est beaucoup de manières d'arrêter la pousse du vin : les uns soutirent le vin dans des barriques fortement imprégnées de vapeur sulfureuse à l'aide de plusieurs mèches ; on réussit encore parfaitement en y ajoutant par barrique 250 gr. de semence de moutarde blanche.

Empêcher le vin de tourner ou d'aigrir.

On met dans le tonneau un kilog. de grenaille de plomb et autant de petit cailloux. Pour le conserver bon jusqu'à la dernière goutte on prend un demi-litre d'esprit de vin le plus fort possible, ou à défaut, de l'eau-de-vie très-forte, et on y ajoute 60 gr. de la seconde peau de sureau. Au bout de trois jours d'infusion on passe à travers un linge et on y ajoute 250 gr. d'huile d'olive première qualité ; on verse dans la

barrique ; ces deux liquides plus légers que le vin viennent à la surface
et empêchent le contact de l'air.

Connaître les causes du trouble du vin.

Lorsque le trouble du vin donne à craindre qu'il ne tourne, il faut
en passer un verre dans du papier à filtrer ; si le vin ainsi filtré
mauvaise couleur ou mauvais goût, c'est un signe qu'il se gâte ; s'il
perd ni goût ni couleur, ceci sera occasionné par la fermentation,
l'on ne pourra craindre de le perdre.

Oter tous les mauvais goûts des barriques.

On fait bouillir environ 25 litres d'eau, on y ajoute un kilo de
bonne gravelle de feuilles de vigne et 500 gr. de sel. Quand on a bien
battu le tout dans une barrique, il faut y mettre un kilog. de chaux
vive cassée en petits morceaux, et on brasse de nouveau pendant dix
minutes ; on retire l'eau quand c'est froid ; avant de la retirer on brasse
encore, on rince bien à l'eau froide et on mèche.

Pour empêcher le vin de se rancir et de se fûter, ou pour lui
donner un goût ou une odeur agréable, on prend un citron que l'on
pique de clous de girofle et que l'on suspend par la bonde. Il faut avoir
soin de bien bonder et de ne laisser le citron que trois ou quatre jours.
Cette opération n'a lieu que quand le vin est soutiré.

Empêcher le vin de se corrompre par le tonnerre, le conserver longtemps.

On met infuser pendant trois semaines 50 gr. racine de gentiane et
10 gr. fleur de sureau, suspendus dans un nouet dans la barrique.
Pour le conserver longtemps, on a soin de le soutirer tous les ans, et
on y ajoute un demi-litre essence de médoc. Si le vin est riche en
alcool, il n'y a pas le moindre danger qui tourne ou aigrisse.

Vieillir les vins et les conserver.

Prenez pour une barrique de 228 litres :

78 gr. chlorure de sodium (sel marin),

78 gr. alumine en gelée,

150 gr. bicarbonate de soude,

1 litre et demi d'eau.

Il faut mélanger le tout ensemble et l'ajouter au vin en l'agitant fortement.

Ce procédé a la propriété de vieillir les vins et de leur enlever leur verdeur.

Les infusions alcooliques de noix vertes et le caramel, mélangés en proportions convenables dans les vins rouges clarifiés, leur donne aussi une apparence veloutée et de vétusté ; les vins de Bordeaux saturés par l'acide tartrique libre, les vieillit de plusieurs années et les fait acquérir de suite les qualités voulues pour être livrés au commerce.

Procédés pour conserver les petites boissons.

Vous prenez par barrique 25 gr. d'alun réduit en poudre que vous ajoutez au mois de mars et donnez un coup de fouet. L'alun a la propriété d'empêcher la boisson d'aigrir ou de tourner, et de la conserver bonne toute la saison d'été.

Moyen de blanchir les fûts de vin rouge, et les mettre propres à recevoir du vin blanc sans qu'il soit taché.

Prenez deux kilog. de chaux vive que vous cassez en petits morceaux pour les faire passer par la bonde ; vous versez dessus huit litres d'eau bouillante, vous brassez bien, et vous rincez avec cinq ou six eaux fraîches.

DIFFÉRENTS PARFUMS POUR DONNER BON GOUT AU VIN.

Essence ou Sève de Médoc.

PREMIER PROCÉDÉ.

Prenez 2 kilog. 500 gr. framboises, écrasez et passez à travers un linge, et mélangez le jus avec 5 litres eau-de-vie à 22 degrés. On met à part 250 gr. d'iris de Florence en racine que l'on pile soi-même afin qu'il soit plus fort, infusez ceci l'espace de trois semaines dans deux litres d'eau-de-vie au même degré, pressez-le et mettez avec l'eau-de-vie framboisée, filtrez au papier ; on les bouche bien et on met un demi-litre ou trois quarts par barrique de vin.

Essence de Médoc.

DEUXIÈME PROCÉDÉ.

Prenez 5 kilogr. framboises bien mûres que vous pressez et filtrez à travers un linge pour en obtenir le suc, vous mélangez avec 2 litres et demi d'esprit de vin ; mettez à part 500 gr. iris de Florence broyés en poudre fine, 20 gr. fleur de violette, 50 gr. goudron en poudre, infuser le tout pendant quinze jours dans 2 litres et demi d'esprit ou 5|6 ; au bout de ce temps on procède à la distillation pour en retirer quatre litres. Les proportions pour une barrique sont d'un cinquième à un quart de litre. (Ce procédé est préférable.)

Bouquet ou Mélange très-propre à améliorer les vins.

Cueillez les fleurs de la vigne lorsqu'elles sont épanouies ; faites-les sécher à l'ombre, pulvérisez-les et les gardez dans un lieu qui ne soit pas humide ; prenez telle quantité qu'il vous plaira de cette poudre, enfermez-la dans un nouet et suspendez-la dans la barrique. Lorsque le vin fermente rien n'est plus naturel ni plus propre que cette poudre pour l'objet dont il s'agit. La quintessence de la vertu d'une plante réside dans la fleur.

Donner un bon goût et une bonne odeur au vin d'Espagne ou autre.

Prenez 250 gr. de semence d'anis,
50 gr. clous de girofle,
50 gr. gingembre,
50 gr. poivre long,

30 gr. réglisse.

Pilez le tout ensemble et mettez-le dans un petit sac que vous suspendez jusqu'à ce que le goût soit communiqué.

Vinaigre de râpe qui ne se décompose jamais.

On prend des râpes aussitôt que l'on a cueilli les raisins ; il ne faut pas que ces râpes aient bouilli ni qu'elles aient été pressées ; on les lave bien et à plusieurs reprises ; puis on les met à sécher au soleil ou dans un four, plus elles sont sèches meilleures elles sont. On défonce une barrique par un bout, on y établit au milieu vers la bonde un cercle en bois retenu par des taquets cloués en dedans de la barrique, afin de pouvoir supporter la râpe que l'on met sur un lit formé de deux ou trois couches de sarments de vigne, en travers les uns des autres afin que cela ne fléchisse pas. On met la râpe par dessus, jusqu'à la hauteur du fond de la barrique ; l'autre partie reste vide. On verse alors un seau de vin (il faut que le vin n'ait aucun mauvais goût si ce n'est celui d'aigre) ; on couvre la barrique avec une couverture ; aussitôt la râpe s'échauffe et aigrit le vin que l'on y a mis. Le surlendemain on y met un autre seau de vin en prenant les mêmes précautions, et on a soin de mouiller la râpe également. Il faut tous les jours mettre un seau de vin sur la râpe jusqu'à ce que le vin vienne à fleur du lit que l'on a fait avec le sarment ; il est aisé de s'en assurer en perçant un trou à travers et à la hauteur nécessaire. On tire par ce trou un seau de vin, on le remet sur la râpe et l'on continue ainsi jusqu'à ce que le vinaigre soit fort. On peut passer sur une barrique de râpe dix barriques de vin et les rendre toutes en excellent vinaigre qui ne se corrompt jamais. Il faut avoir le soin de ne jamais laisser sécher la râpe, car elle moisirait et perdrait le vinaigre. Aussitôt que l'on a fini, il faut la retirer et mettre le vinaigre en barrique. On lui donne le nom de *vinaigre naturel* ou *vinaigre de ménage*, car il n'entre aucune chose pour le faire et il ne se décompose jamais. Il se fabrique dans plusieurs contrées du Midi de la France.

TABLEAU

*Des Droits de Circulation pour les Vins, à payer pour les Congés
par chaque département.*

(Lois des 12 septembre 1810 et 28 avril 1816)

1re CLASSE.	2e CLASSE.	3e CLASSE.	4e CLASSE.
60 centimes par hectolitre.	**80 c.** par hectolitre.	**1 fr.** par hectolitre.	**1 fr. 20 c.** par hectolitre.
Var	Drôme	Jura	Nord
Basses-Alpes	Ardèche	Doubs	Pas-de-Calais
Vaucluse	Hautes-Alpes	Haute-Saône	Saône
Bouc.-du-Rhône	Isère	Saône-et-Loire	Ardennes
Gard	Puy-de-Dôme	Rhône	Seine-Inférieure
Hérault	Allier	Loire	Calvados
Aude	Nièvre	Sarthe	Orne
Pyrénées orient.	Cher	Morbihan	Manche
Tarn	Indre	Seine	Mayenne
Haute-Garonne	Vienne	Seine-et-Oise	Ille-et-Vilaine
Arriége	Deux-Sèvres	Seine-et-Marne	Côtes-du-Nord
Lot	Vendée	Eure-et-Loir	Finistère
Tarn-et-Garonne	Loire-Inférre	Creuse	
Gers	Maine-et-Loire	Haute-Vienne	
Hautes-Pyrénées	Indre-et-Loire	Corèze	
Dordogne	Loir-et-Cher	Cantal	
Lot-et-Garonne	Loiret	Haute-Loire	
Charente-Inférre	Yonne	Lozère	
Charente	Côte-d'Or	Bas-Rhin	
Gironde	Ain	Haut-Rhin	
Landes	Aube	Vosges	
Basses-Pyrénées	Haute-Marne	Eure	
Aveyron	Marne	Oise	
	Meuse	Aisne	
	Moselle		
	Meurthe		

NOTA. — Pour les poirés, cidres, hydromels, le droit de circulation est dans tous les départements de 50 c. par hectolitre. (*Loi du 12 avril 1810.*)

TARIF

Des Droits d'Octroi et d'Entrée pour les Vins, Eaux-de-vie
Vinaigres, Cidres, Poirés, Hydromels, Bière,
de la ville de Paris.

		DROITS			DATE des arrêtés, ordonnances ou décrets du gouvernement.
MESURES		**D'OCTROI** décime non compris	**D'ENTRÉE** décime non compris	**TOTAL**	
		fr. c.	fr. c.	fr. c.	
Vins en cercles	hectolit.	9 87	8 00	17 87	4 mai 1825.
Vins en bouteilles.	id.	16 92	8 00	24 92	17 août 1832.
Alcool pur contenu dans les Eaux-de-vie, Esprits en bouteilles, Liqueurs et Fruits à l'eau-de-vie	id.	23 50	50 00	73 50	17 août 1832.
Cidres, Poirés, Hydromels . .	id.	3 76	4 00	7 76	4 mai 1825 et 28 déc. 1830.
Alcool dénaturé, 2 à 3 dixièm.	id.	6 92	22 08	29 00	19 août 1845
id. 3 à 4 dixièm.	id.	6 05	19 32	25 37	id.
id. 4 à 5 dixièm.	id.	5 19	16 56	21 75	id.
Au-dessus de 5 dixièmes.	id.	4 32	13 80	18 12	id.
Vinaigre de toutes espèces. . .	id.	9 87	» »	9 87	
Verjus, Sureau, Hièble en jus ou en fruits, Vins gâtés et Lies liquides ou épaisses, tant en cercles qu'en bouteilles.	id.	9 87	» »	9 87	
Bière à l'entrée.	id.	3 76	» »	3 76	
Bière à la fabrication	id.	2 82	» »	2 82	
Chasselas, Muscat, et autres raisins	100 kilos	4 70	» »	4 70	17 juin 1848.

Observations.

Le droit est dû à la fabrication dans l'intérieur comme à l'entrée, sur les vins, vinaigres, cidres, poirés, hydromels et autres boissons ou liquides imposés. Dans le cas où les substances employées à la fabrication auraient acquitté les droits d'octroi, il sera fait déduction des droits payés.

Extrait de l'art. 21 du décret du 17 mars 1852.

Lorsque des vins contiendront plus de 18 centièmes d'alcool, et pas au-delà de 21 centièmes, ils seront imposés comme vins et paieront en outre les doubles droits d'entrée et d'octroi pour la quantité d'alcool contenu entre 18 et 21 centièmes.

Les vins contenant plus de 21 centièmes d'alcool, ne seront pas imposés comme vins et seront soumis, pour leur quantité totale, aux mêmes droits de consommation, d'entrée et d'octroi que l'alcool pur.

La vendange, le même droit que le vin, dans la proportion de trois hectolitres pour deux de vin.

La bouteille commune et la demi-bouteille sont assimilées au litre et au demi-litre pour la perception.

Les vins introduits à la main en cruches, cruchons ou brocs d'une contenance de 5 litres, paient le droit dans la proportion de celui fixé pour les vins en cercles.

Toute lie qui n'est pas dans un état de siccité complète est passible de droits.

Les boissons liquides, vernis à l'alcool, ou préparations mélangées d'esprit ou d'eau-de-vie, faisant preuve à l'alcomètre ou donnant à l'analyse chimique un cinquième d'eau-de-vie à 58 degrés centésimaux, paieront le droit à raison de la quantité d'alcool qu'ils contiendront.

Les eaux-de-vie ou esprits altérés par un mélange quelconque, ou dont la dénaturation n'a pas eu lieu conformément à l'ordonnance royale du 14 juin 1844, restent soumis au même droit que les eaux-de-vie ou esprits purs, en vertu de l'art. 23 de la loi du 28 avril 1816 qui continuera à recevoir son exécution (art. 5 de la loi du 14 juillet 1845).

Les eaux de Cologne de la Reine-de-Hongrie et de Mélisse, dont la base et l'alcool sont considérés comme eaux de senteur et paient le droit comme telles (d'après la quantité d'alcool qu'elles contiennent, comme les eaux-de-vie ou esprits altérés). Six bouteilles ou fioles d'eau de Cologne sont assimilées au litre pour la perception.

Les fruits à l'eau-de-vie et au vinaigre paient le droit sans déduction des fruits.

TARIF ou Comptes faits pour la capacité de tous les liquides, donnant une série d'objets contenus entre 33 c. de longueur et 33 c. de diamètre, dont la contenance est de 29 litres $^{1}/_{10}$: et 3 m. 33 c. de longueur sur 3 m. 33 c. de diamètre, contenant 29,100 litres.

Longueurs et circonférences.	DIAMÈTRES OU CIRCONFÉRENCES EN MÈTRES ET EN CENTIMÈTRES.																						
	0·30 $^{1}/_{2}$	0·38 $^{1}/_{2}$	0·67	0·75 $^{1}/_{2}$	0·83 $^{1}/_{3}$	0·92	1·00	1·08 $^{1}/_{3}$	1·17	1·25	1·33 $^{1}/_{3}$	1·50	1·58 $^{1}/_{3}$	1·75	1·83 $^{1}/_{3}$	1·92	2·00	2·17	2·33	2·50	2·66	2·83 $^{1}/_{3}$	3·00	3·17	3·33

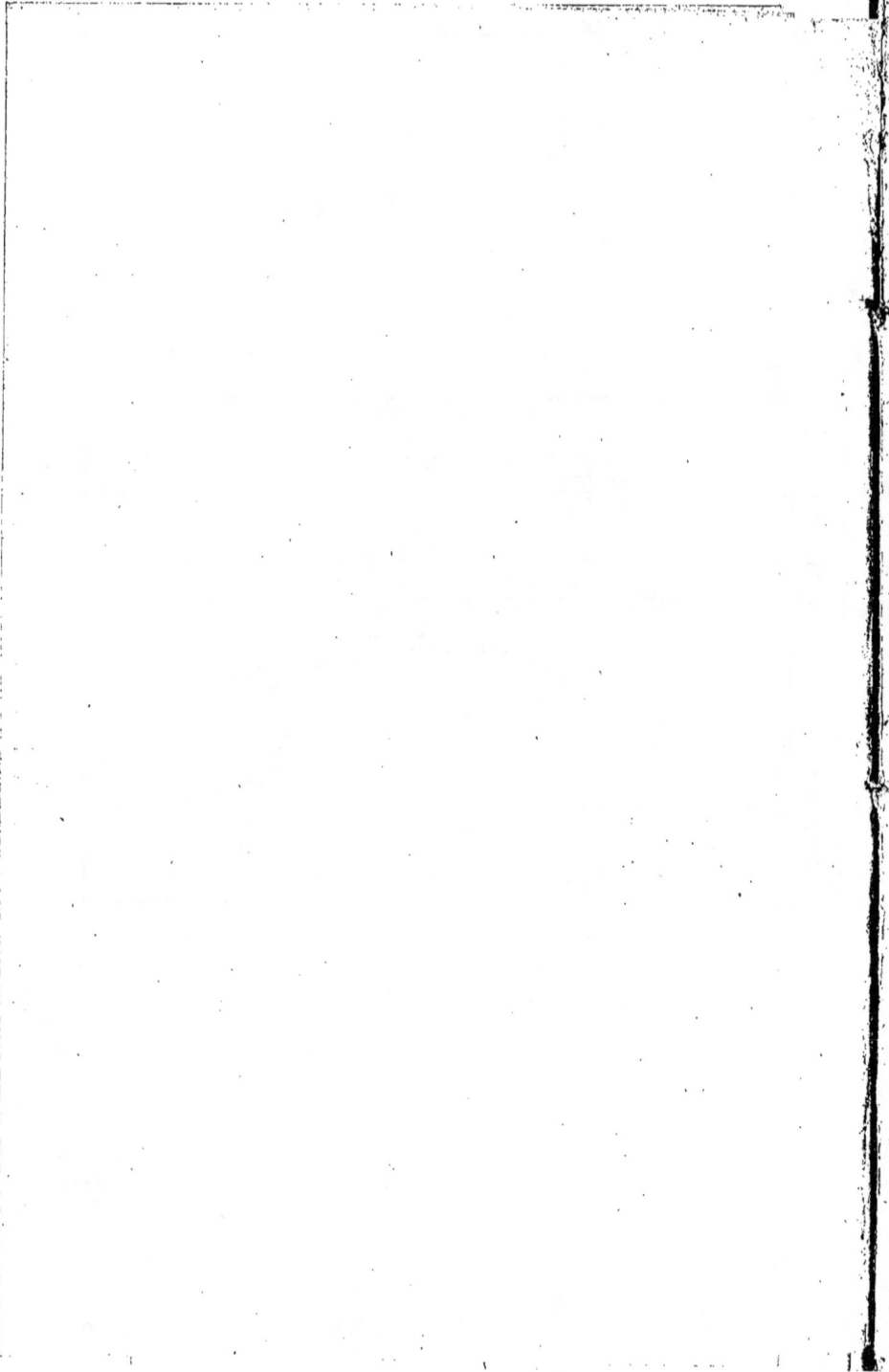

Les fruits secs à cidre et à poiré paient le droit à l'entrée dans la proportion de 50 kilogrammes de fruits pour un hectolitre de cidre ou de poiré.

Pour la perception du droit d'entrée, 25 kilogrammes de fruits secs comptent pour un hectolitre de cidre ou poiré (art. 25 de la loi du 28 avril 1816).

ENTREPOT GÉNÉRAL DE PARIS.

Ordonnance royale du 22 mars 1855, qui fixe les Locations des Caves comme il suit.

(M. Sary, conservateur pour les locations.)

	fr.	c.
Celliers des spiritueux, par an, le mètre carré	5	» »
Caves voûtées, autres que les caves de la galerie souterraine.	4	» »
Caves de cette galerie . . . . . . , ...	5	» »
Celliers des vins dans les magasins d'Yonne et de Marne. . .	5	50
Celliers de la Seine et de la Loire	2	50
Celliers des eaux-de-vie, hangar situé sur le préau	2	50

Magasins généraux.

Par mètre courant de chantier affecté aux eaux-de-vie et esprits, par mois	»	60
Par mètre carré affecté aux vins et vinaigres	»	50
Par mètre carré affecté aux vins et vinaigres, dans les magasins de l'Yonne	»	40

Les époques de paiement sont déterminées par les baux, pour les caves et celliers ; et le prix de la location pour les chantiers dans les magasins généraux, est payable d'avance de mois en mois. Le mois commencé se paie en entier.

des Dimensions des différentes espèces de futailles fabriquées
Saint-Jean-d'Angély, Cognac, Saintes, etc.

Quantité en litres.	Longueur.		Diamètre des fonds.		Quantité en litres.	Longueur		Diamètre des fonds.	
	m	c	m	c		m	c	m	c
1	0	20	0	10	115	0	77 1/2	0	44
2	0	22 1/2	0	10 1/2	120	0	78	0	44 1/2
3	0	25	0	14	125	0	78 1/2	0	45 1/2
4	0	26 1/2	0	14 1/2	130	0	79	0	46
5	0	30	0	16	135	0	79 1/4	0	46 1/2
6	0	30 1/2	0	16 1/2	140	0	79 1/2	0	47
7	0	33	0	17	145	0	81	0	48
8	0	35	0	18	150	0	83 1/2	0	48 1/2
9	0	36	0	20	155	0	85	0	49
10	0	37	0	21	160	0	85 1/2	0	49 1/2
11	0	38	0	21 1/2	165	0	86	0	50
12	0	39 1/2	0	22	170	0	86 1/4	0	50 1/2
15	0	44	0	22 1/2	175	0	87 1/2	0	50 3/4
20	0	46	0	24	180	0	89	0	51
25	0	48	0	26	185	0	89 1/2	0	51 1/4
30	0	49	0	28	190	0	89 3/4	0	51 1/2
35	0	50	0	28 1/2	195	0	90 1/2	0	51 3/4
40	0	54	0	29 1/2	200	0	91 1/2	0	51 3/4
45	0	57	0	31	210	0	92	0	52
50	0	60	0	33	220	0	92 1/2	0	53 1/2
55	0	61	0	33 1/2	230	0	96	0	54
60	0	62 1/2	0	34	240	0	98	0	56
65	0	63 1/2	0	35	250	1	00	0	57
70	0	65	0	35 1/2	260	1	01	0	57 1/2
75	0	66	0	37	270	1	02	0	57 3/4
80	0	67 1/2	0	38 1/2	280	1	03	0	58
85	0	69 1/2	0	39	290	1	03 1/2	0	58 1/4
90	0	72	0	40	300	1	04	0	58 1/2
95	0	74	0	41	310	1	06	0	59
100	0	75	0	42	330	1	07	0	60
105	0	76	0	42 1/2	340	1	08	0	62
110	0	77	0	43	350	1	09 1/2	0	64

Tableau des dimensions.

Dimensions en veltes et litres de la grande futaille, pour expédition à l'intérieur				Dimensions en litres pour Broes de différentes grandeurs.				Bailles de toutes dimensions		Barattes pour faire le beurre de toute grandeur		Bujours de différentes grandeur.		Canettes de différentes dimensions.		Seaux droits diverses dimensions.	
Désignation en veltes.	Désignation en litres.	Longueur. (m c)	Diamètre du fond. (c)	Désignation en litres.	Longueur. (c)	Diamètre du bec. (c)	Diamètre du fond. (c)	Longueur. (c)	Diamètre du fond. (c)	Longueur. (c)	Diamètre du bec. (c)	Longueur. (c)	Diamètre. (c)	Longueur. (c)	Diamètre du bec. (c)	Longueur. (c)	Diamètre du fond. (c)
45	444	0 77	44	1	21	08 1/2	17	17	29	69	25	62	62	28	26	55 1/2	24
20	452	0 85	48	2	26	11	22	20	50	67	24	64	64	29	25	52	25
25	480	0 89	50	4	52	14	28	22	59	64	25	68	68	51	25	51	22 1/2
50	228	0 95	55	6	54	18	56	25	45	61	22	72	72	52	25 1/2	29	22
55	266	1 02	58	8	57	21	42	28	47	58	21 1/2	75	75	51	25	28	21
50	304	1 05	60	10	41	22	44	52	55	56	21	82	82	28	21		
40	504	1 09	62	14	45	22	49	54	56	55	20 9 m	86	86				
45	542	1 10	65	16	49	25	50	56	60	50	20	82	82				
50	580									47	19 1/2	59	89				
										44	18 8 m	62	92				
										41	18	65	95				
												68	1 m 3 c				

Entonnoir ordinaire.
Longueur. . . . 24 c.
Diamètre du fond. 37 c.

Nota. Le diamètre d'un bec de broc doit être de la moitié du fond.

Les bailles à dé-poter l'eau-de-vie de 30 velt. ou 228 l. ont 59 c. de long. et 75 diam. de fond.

Le fond d'une baratte est de 4 fois la largeur du bec.

Nota. On peut aussi varier la grandeur des canet-tes et des seaux droits dans les mêmes propor-tions.

Bassiots de 13 veltes ou 100 litres. La longueur est de 55 c Le diamètre du haut est de 64 cent. Celui du fond est de 58 1/2.

2ᵉ Partie.

DE L'ALCOOL ET DE L'EAU-DE-VIE.

L'esprit de vin, ou vin brûlé, se sépare au moyen de la distillation de toutes les liqueurs vineuses. D'après tous les historiens, les boissons fermentées ont été connues longtemps avant l'art d'en séparer l'alcool qu'elles contiennent. Cette opération, qui remonte au treizième siècle dans la France méridionale, était déjà connue d'Arnaud de Villeneuve et de Raymond Lulle, qu'on a cru être les auteurs ; mais elle vient des Arabes, où les noms d'*alambic* et d'*alcool*, qui sont de leur langue, le désignent. On n'employait le mot alcool primitivement que pour désigner le degré de ténuité extrême qu'on donnait à certaine poudre ; ensuite on l'a étendu aux liqueurs spiritueuses et bien

Tableau donnant la quantité d'eau à ajouter par hectolitre d'Eau-de-vie ou esprit 3|6,

POUR LA RAMENER A UN DEGRÉ INFÉRIEUR.

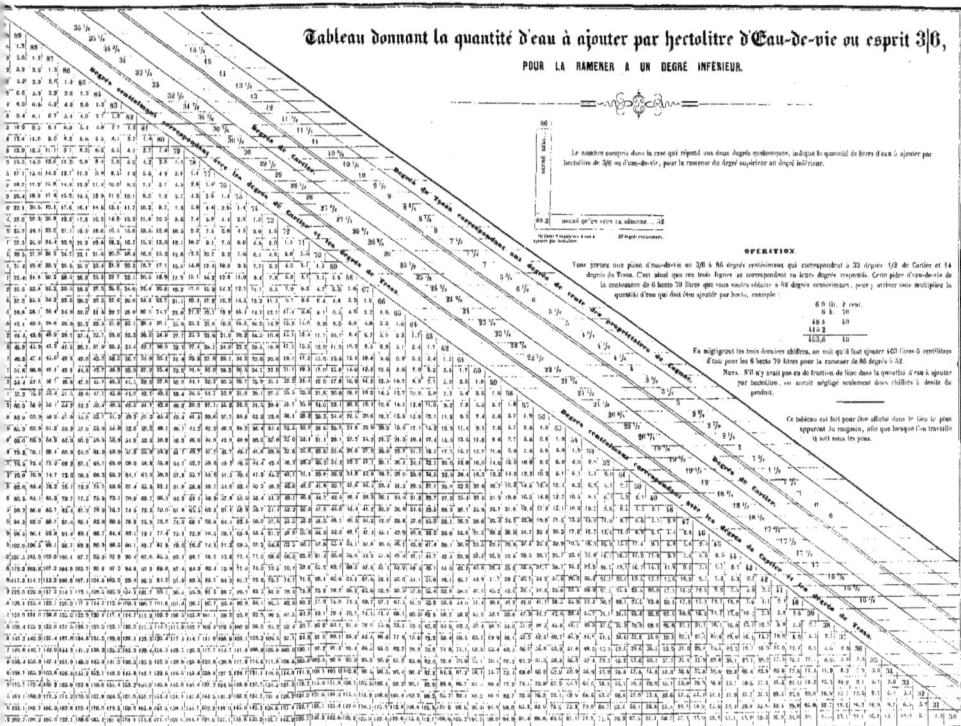

Le nombre compris dans la case qui répond aux deux degrés quelconques, indique la quantité de litres d'eau à ajouter par hectolitre de 3|6 ou d'eau-de-vie, pour la ramener du degré supérieur au degré inférieur.

OPÉRATION

Vous portez une pièce d'eau-de-vie ou 3|6 à 86 degrés centésimaux qui correspondrait à 32 degrés 1/2 de Cartier et 14 degrés de Tosin. C'est ainsi que ces trois lignes se correspondent en leurs degrés respectifs. Cette pièce d'eau-de-vie de la contenance de 6 hecto 70 litres que vous voulez réduire à 86 degrés centésimaux, pour y arriver vous multipliez la quantité d'eau qui doit être ajoutée par hecto, exemple :

6 h. 70, 2 cent.
6 h. 70
48.9   10
48.9
103.6   10

En négligeant les trois derniers chiffres, on voit qu'il faut ajouter 103 litres 6 centilitres d'eau pour les 6 hecto 70 litres pour la ramener de 86 degrés à 42.

Nota. S'il n'y avait pas eu de fraction de litre dans la quantité d'eau à ajouter par hectolitre, on aurait négligé seulement trois chiffres à droite de pendant.

Ce tableau est fait pour être affiché dans le lieu le plus apparent du magasin, afin que lorsque l'on travaille il soit sous les yeux.

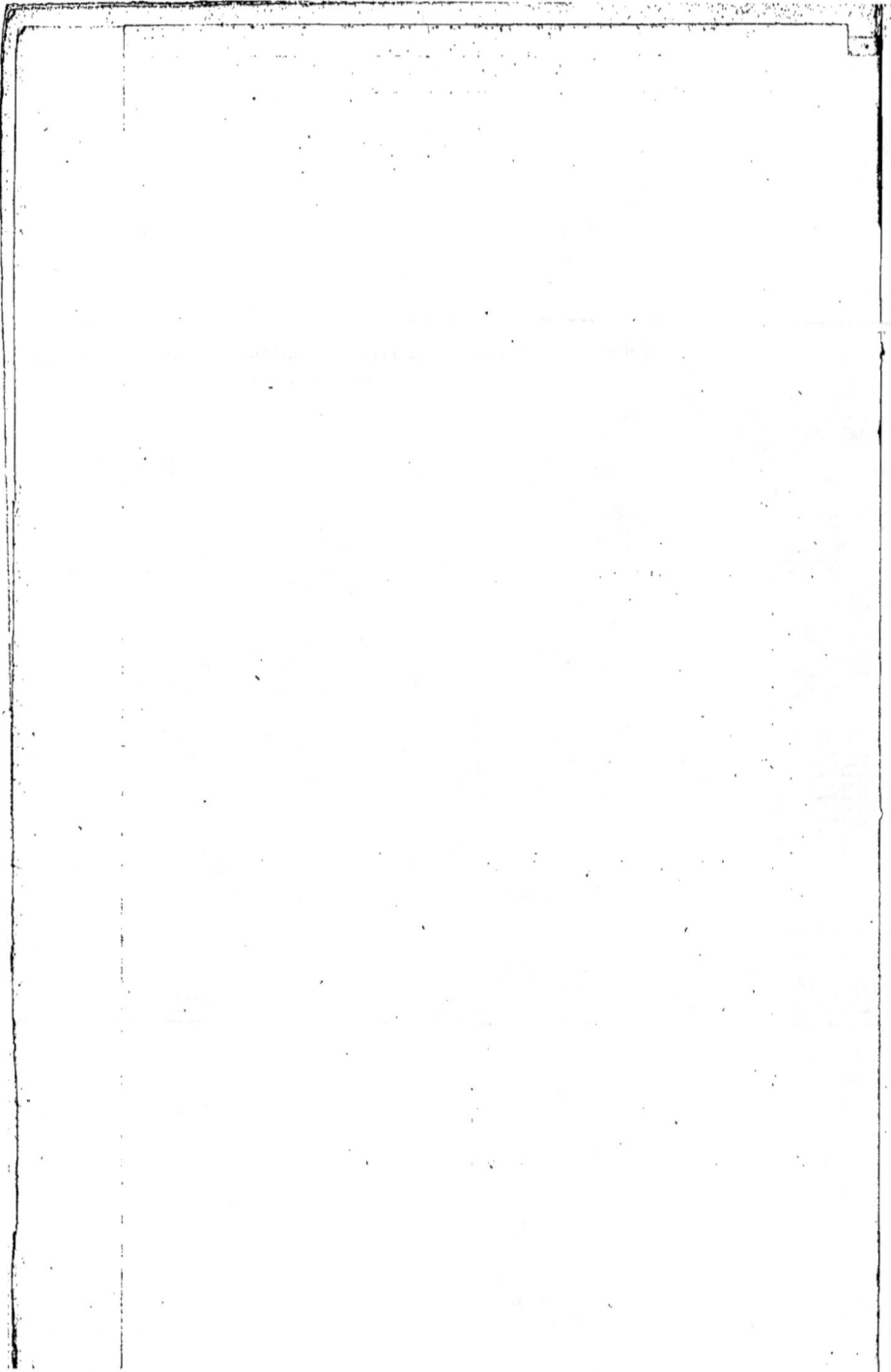

déflegmées, dont on supposait les molécules beaucoup plus subtiles.
Lors de l'établissement de la nomenclature moderne, le mot alcool,
qui, jusque-là, n'avait servi qu'à indiquer une quantité, est devenu
synonyme d'esprit de vin; et, en raison de sa brièveté, on l'emploie
de préférence.

Les premiers appareils employés à la fabrication ont été successive-
ment améliorés, et ils ont reçu un tel degré de perfection, qu'on ne
peut guère supposer qu'il soit trouvé de meilleurs moyens que ceux
en usage aujourd'hui. Je ne m'occuperai donc dans ce Traité d'aucun
de ces appareils, qui varient selon les localités où se fabriquent les
eaux-de-vie.

Les eaux-de-vie les plus estimées, qui ont atteint les meilleurs degrés de fabrication, tant sous le rapport des appareils que sous celui
du sol et de la qualité des vins, sont celles des départements de la
Charente et de la Charente-Inférieure; quoique ces deux départements
varient par différents crûs. Les premières eaux-de-vie, connues sous
le nom de *Fine-Champagne*, se récoltent à l'est de Cognac; la deuxième qualité, celle dite *des Bois*, se trouve entre Cognac et St-Jean-
d'Angély; et les environs de cette dernière ville ont acquis une réputation méritée.

Viennent ensuite celles d'Aunis, connues sous le nom d'eaux-de-vie
de la Rochelle, Surgères, Mauzé, etc., qui sont beaucoup moins estimées sous le rapport de leur goût de terroir; elles sont d'ailleurs toujours de 10 à 15 fr. par hectolitre au-dessous des qualités les plus
inférieures de la Saintonge.

Les eaux-de-vie de Marmande, d'Armagnac, etc., sont inférieures à
celles décrites ci-dessus. Afin de mieux faire comprendre ces qualités
d'eau-de-vie, je vais donner un cours du mois de février 1854 :

Fine-Champagne nouvelle, l'hectolitre,	185 fr.
Eau-de-vie des Bois, d° Pays-Bas,	200
Surgères et Mauzé,	170
La Rochelle,	165
Marmande,	155
Armagnac,	140
Esprit 3|6 Montpellier,	185

L'art de faire les eaux-de-vie étant monté au dernier degré de perfection dans divers départements, je ne m'occuperai donc que de donner les moyens d'amélioration, pour rectifier ou affaiblir ce liquide, qui est souvent trop fort.

Les eaux-de-vie de Cognac nouvelles pèsent ordinairement 64, 66 et 68 degrés centésimaux; elles ne sont livrées au commerce qu'à 58 ou 60, et très-souvent à 55 et 52 degrés; en eaux-de-vie vieilles, à 48 et 50. C'est donc 8 à 10 degrés à réduire par l'addition du mouillage, pour la mettre marchande, c'est-à-dire pour la livrer au commerce de l'intérieur et de l'étranger. Ce mouillage s'opère par le moyen d'eau naturelle, et de petites eaux qui sont préférables parce qu'elles reçoivent une préparation qui bonifie les eaux-de-vie.

Dans le commerce des eaux-de-vie on emploie beaucoup de 5|6, que l'on réduit en eau-de-vie au moyen d'eau naturelle, ou qui a subi certaine préparation, afin d'enlever le goût souvent empyreumatique, et l'affaiblir à un degré quelconque, pour imiter les armagnacs, etc. On voit que les 5|6, qui pèsent ordinairement 86 degrés centésimaux, pour être réduits à 50, subissent un fort mouillage, et, étant presque toujours au-dessous du prix de l'hectolitre d'eau-de-vie, rapporte au négociant un bénéfice considérable.

Je vais faire connaître par les tables suivantes les degrés réels de l'alcool et de l'eau-de-vie; viendront ensuite les tables du mouillage, calculs sérieux et exacts; puis enfin, les moyens d'améliorations employés dans le commerce.

Raisonné sur l'alcomètre centésimal. — Instruction et définition de l'alcomètre centésimal.

Les liquides spiritueux, connus dans le commerce sous le nom d'esprit 5|6 eaux-de-vie, sont des mélanges, à proportion variable, d'eau et d'esprit; leur valeur dépend par conséquent, en général, de la quantité d'alcool que chacun d'eux renferme. Pour déterminer cette quantité d'alcool, nous prenons, pour base de comparaison, l'alcool pur en volume, à la température de 15 degrés centigrades (12 de Réaumur), et nous représentons la force par centième, ou par l'unité. Conséquemment, la force d'un liquide spiritueux, est ce nombre de centième, ce volume d'alcool pur que ce liquide renferme à la température de 15 degrés centigrades. L'instrument que nous désignons sous le nom d'alcomètre centésimal, est, quant à la force, un alcomètre ordinaire. Il est gradué sur 15 degrés centigrades ; son échelle est divisée en 100 parties ou degrés, dont chacun représente un centième d'alcool ; la division zéro correspond à l'eau pure, et la division 100 à l'alcool pur. Plongé dans un liquide spiritueux, à la température de 15 degrés centigrades, il en fait immédiatement la force. Par exemple, si dans une eau-de-vie supposée à la température de 15 degrés, il enfonce jusqu'à la division 50, il nous avertit que la force de cette eau-de-vie est de 50 centièmes, c'est-à-dire qu'elle contient 50 centièmes de son volume d'alcool pur. Dans un esprit où il s'enfoncerait jusqu'à la division 86 degrés, il indiquerait une force de 86 centièmes, etc.

Les degrés de l'alcomètre indiquent des centièmes d'alcool. Nous les appelons des degrés centésimaux, et nous les écrivons en plaçant à droite et au-dessus du chiffre des unités du nombre qui les expriment, la lettre C, initiale du mot centésimal ; c'est sous cette forme qu'on l'insère dans la table suivante. Pour se conformer à l'usage du commerce dans les calculs, il vaut mieux les appeler des centièmes et les écrire comme des fractions décimales.

La quantité d'alcool contenu dans un liquide spiritueux, s'obtient immédiatement d'après l'indication de l'instrument, en multipliant le nombre qui exprime le volume du liquide spiritueux, par la force de ce même liquide. Par exemple, une pièce d'eau-de-vie de 654 litres, de la force de 55 degrés ou 0,55 centièmes :

$$
\begin{array}{r}
654 \\
0\ 55 \\
\hline
51\ 70 \\
517\ 0 \\
\end{array}
$$

Contient 548 l. 70 centièmes d'alcool pur.

Une pièce d'esprit 5|6 de 728 litres de la force de 86 centièmes 4 millièmes ou 864 millièmes :

$$
\begin{array}{r r}
728 & \\
0 & 864 \\
\hline
2 & 912 \\
45 & 68 \\
582 & 4 \\
\hline
\end{array}
$$

Contient 628 l. 992 m. d'alcool pur.

Lorsque le liquide spiritueux ne sera pas à la température de 15 degrés, on aura recours à la table suivante pour les différents degrés de température.

Mouillage ou réduction des liquides spiritueux.

Dans le commerce on affaiblit souvent un liquide spiritueux en le mêlant avec de l'eau ou avec un autre liquide spiritueux plus faible ; c'est cette opération que l'on désigne par le nom de *mouillage*.

Nous commencerons par le mouillage d'un esprit avec de l'eau, et nous supposons que les deux liquides ont la température de 15 degrés. Si l'esprit ne l'avait pas, on en estimerait la force et le volume à cette même température, au moyen des deux tables précédentes. Quant à l'eau, sa dilatation par la chaleur étant beaucoup plus faible que celle de l'alcool entre les deux températures extrêmes de zéro à 50 degrés adoptés par la table, on n'aura pas besoin d'en tenir compte. La table qu'on trouve ci-après, sous le nom de mouillage ou réduction, donne le volume d'eau en litres qu'il faut ajouter par hectolitre d'un esprit d'une force connue, pour le convertir en un autre liquide spiritueux d'une force aussi connue, mais plus faible.

La première colonne horizontale présente les degrés de Tessa ou les degrés de vente des propriétaires de Cognac, correspondant aux degrés de Cartier et centésimaux ; la deuxième, les degrés de Cartier correspondant aux degrés centésimaux et Tessa ; la troisième, les degrés centési-

DESCRIPTION DU TABLEAU

MANIÈRE D'OPÉRER

DEGRÉS DU THERMOMÈTRE CENTIGRADE														DEGRÉS DU THERMOMÈTRE CENTIGRADE															
0	1	2	3	4	5	6	7	8	9	10	11	12	13	14	15	16	17	18	19	20	21	22	23	24	25	26	27	28	29	30

maux correspondant aux degrés ci-dessus de 90 à 50 degrés ; toutes les autres lignes expriment la quantité d'eau qu'il faut ajouter par hectolitre. Si l'on a, par exemple, 100 litres d'esprit de la force de 86 degrés centésimaux, ou, pour abréger, 100 litres de 86 et qu'on veuille en faire du 50, on trouvera à l'intersection de la colonne verticale 50 et de la ligne horizontale 86, le nombre de 76 litres 1 centilitre, pour la quantité d'eau en litres qu'il faut ajouter à 100 litres de 86, pour en faire du 50. Le volume de 50 que l'on doit obtenir est très-facile à calculer ; et c'est pour cela qu'on n'a pas cru nécessaire de le donner dans la table du mouillage : ce volume est égal au volume de l'esprit donné, multiplié par la plus grande force et divisé par la plus petite.

Dans l'exemple, il est égal à 100 multiplié par 86 plus grand que 50 égal 172 litres de 50. Sauf la contraction, qu'éprouve l'eau et l'esprit en se combinant, on aurait dû obtenir 176 litres 1 centilitre de 50 puisqu'à 100 litres de 86 on a ajouté 76 litres 1 centilitre. La différence entre ces deux volumes est égale à 176,1 moins 172 ou $\frac{1}{43}$ du premier.

Il est aisé de trouver maintenant le volume d'eau qu'il faut ajouter à une quantité quelconque d'esprit d'une force connue pour le convertir en un liquide spiritueux plus faible. Cherchez dans la table le volume d'eau nécessaire pour le mouillage de 100 litres de même esprit ; multipliez par ce volume celui de l'esprit donné, et divisez le produit par 100.

Exemple : On demande à réduire une pièce d'esprit de 86, de la contenance de 684 litres, en eau-de-vie de 50 degrés. Je trouve dans la table qu'il faut 76 litres 1 centilitre d'eau pour en réduire 100 litres en 86 : je multiplie donc 684 par 76,1 et j'obtiens 520524, qui, divisé par 100, donne 52 litres 5 centilitres pour le volume que je dois ajouter à l'esprit donné.

Le volume de 50 est égal à 684 multiplié par 86 plus grand que 50 égal 1176. Si l'on se proposait d'obtenir avec un esprit d'une force connue un volume donné d'un autre liquide spiritueux d'une force plus faible, on trouverait la quantité d'esprit qu'il faudrait prendre en multipliant le volume donné par la plus petite force et divisant le produit par la plus grande, exemple.

On donne du 86 et l'on se propose de faire avec ce liquide 458 litres de 48. D'après la règle le volume d'esprit que je dois prendre est égal à 458 multiplié par 48 plus grand que 86 égal 244 litres 4 centilitres ; j'obtiens le volume qui doit-être ajouté à l'esprit en cherchant dans la table du mouillage. Celui qui prendrait 1,000 litres du même esprit pour convertir en 48, je trouve 85,4 et en multipliant par ce nombre 244,4 et divisant le produit par 100, j'ai 205 litres 8 centilitres pour le volume d'eau de réduction. La réduction d'un liquide spiritueux se fait souvent avec un autre liquide spiritueux plus faible.

Les liquides spiritueux n'éprouvent pas dans leurs mélanges une contraction, à beaucoup près aussi grande que lorsque l'on les mêlent avec de l'eau. On peut obtenir une approximation suffisante en supposant la contraction nulle.

La question du mouillage devient alors très-simple et se réduit à une règle d'alliage.

Supposons que l'on ait un certain volume d'esprit d'une force donnée et que l'on veuille l'affaiblir avec un autre liquide spiritueux plus faible. Le volume cherché de l'esprit le plus faible est égal au produit du volume de l'esprit donné par la différence de la plus grande force à la moyenne, divisez par la différence de la force moyenne à la plus petite. Si l'on a par exemple 708 de 85 et qu'on veuille en faire du 46 avec du 54 le volume de ce dernier qu'il faut prendre est égal à 708 multiplié par $\frac{88-46}{46-31}$ égal 2478 litres.

Par un calcul exact, c'est-à-dire en tenant compte de la contraction, le volume du même liquide est de 2574 litres, la différence entre ces deux volumes 2574 moins 2478 égal 96 litres ou à peu près d'un $\frac{1}{26}$.

C'est la quantité du 54 qui manque pour convertir les 708 litres de 88 en 46. On sera donc obligé après avoir fait ce mélange dans la proportion donnée par la règle ci-dessus, d'en prendre la force réelle et d'ajouter ce qui manque du 54 pour obtenir du 46. Lorsque ce sera de l'esprit plus faible que l'on voudra remonter en totalité avec un esprit plus fort, le volume de ce dernier sera égal au volume du premier. Multipliez par la différence de la force moyenne à la plus petite et divisez par la différence de la plus grande force à la moyenne.

On a par exemple 2478 de 54 et on veut en faire du 46 en le

mêlant avec du 88, le volume de 88 à prendre est égal à 2478 litres multiplié par $\frac{46 - 34}{88 - 46}$ égal 708 litres.

Enfin si l'on veut faire un volume d'un liquide spiritueux d'une force connue avec deux autres liquides, l'un plus faible l'autre plus fort que le premier, on trouvera le volume de l'esprit qu'on veut obtenir, par la différence de la force moyenne à la plus petite, et en divisant le produit par la différence de la plus grande force à la plus petite.

Le volume du liquide spiritueux le plus faible est égal à la différence du volume donné à celui que l'on vient de trouver. On veut, par exemple, faire 5186 litres de 46 avec du 34 et du 88 ; le volume 5186 multiplié par $\frac{46 - 34}{88 - 34}$ égal 2478.

Si l'on veut connaître rigoureusement, d'après la table de réduction, le volume qu'il faut prendre de deux liquides spiritueux, l'un fort, l'autre faible, pour en composer un troisième d'une force intermédiaire, on emploiera la règle suivante : Le produit de la plus petite force par le nombre de litres qu'il faut pour réduire 100 litres de la force moyenne à la plus petite, et au produit de la force moyenne par le nombre de litres d'eau qu'il faut pour réduire 100 litres de la plus grande force à la moyenne, comme le volume du liquide le plus fort est au volume du liquide le plus faible, exemple : combien faut-il de 34 pour convertir 708 litres de 88 en 46 ? 34 multiplié par 358 est à 46 multiplié par 961 comme 708 est à x $\frac{46 \text{ multiplié par } 961}{34 \text{ multiplié par } 358}$ 708, égal 2574 litres 5 centilitres.

Dans l'exemple cité on a trouvé 2574 litres ; la différence vient de ce que le dernier nombre a été calculé avec les éléments mêmes qui ont servi à faire la table du mouillage, et que dans celle-ci on a été forcé de négliger jusqu'à 4 dix millièmes tant en plus qu'en moins ; le volume du mélange s'obtient en multipliant le volume de chacun, décomposant par sa propre force et en divisant la somme des produits par la force moyenne, 708 multiplié par 88 plus 2576,5 multiplié par 34 plus grand que 46 égal 5255 litres.

La règle d'alliage dont nous nous sommes servi pour calculer les proportions des liquides spiritueux dans leurs mélanges ne donne, comme nous l'avons fait remarquer, que des résultats approximatifs dont la différence avec la véritable peut s'élever à un vingt-cinquième.

Afin de mieux faire comprendre, je répéterai que, lorsque l'on voudra mouiller une quantité d'esprit plus petite que 100 litres, on trouvera à la table du mouillage le nombre de litres à ajouter par 0/0 et en séparant deux chiffres vers la gauche, le nombre de centilitres et de millilitres à ajouter par litres, exemple : Je veux réduire 45 litres d'esprit de 86 degrés à 52 ; je cherche à la table du mouillage au degré réel 86 et le nombre 52, et je trouve 56 litres 8 centilitres à ajouter par 100 litres ; ainsi, en avançant la virgule de deux chiffres vers la gauche, je trouve 5 centilitres 68 millilitres ou 568 centilitres ; multiplié par 45 et retranchant 5 chiffres de fraction, 25 litres 5 centilitres à ajouter à 45 litres pour en faire du 52. Afin de mieux faire comprendre le mouillage d'un spiritueux avec un autre spiritueux, je vais donner d'autres exemples. Je suppose qu'on ait 550 litres 5/6 à 86 degrés et qu'on veuille en faire de l'eau-de-vie à 52 avec un autre à 46. Pour savoir combien il faudrait mettre d'eau-de-vie à 46 dans les 550 litres d'esprit, on multiplie les 550 par 54 qui est la différence de 86 moins 52 qui donne au quotient 11,900, divisé par 6 qui est la différence de 52 moins 46, on obtient 1,983 litres.

Lorsque c'est le nombre de litres du plus fort que l'on veut connaître, par exemple, si l'on avait 1983 litres à 46 et qu'on voulût en faire du 52 en le mélant avec du 86, le volume de 86 à prendre serait égal au produit de 1983 litres, multiplié par 6, qui est la différence de 52 moins 46, qui donne 11,900 lequel divisé par 54, qui est la différence de 86 moins 52, donne pour quotient 550 litres. L'opération est l'inverse de la précédente.

Dans ces dernières opérations, on néglige la contraction qui est 1 pour 0/0. On sera donc obligé lorsque l'on aura fait les règles ci-dessus d'en prendre la force et de l'ajouter au résultat.

Mélanges ou coupes des eaux-de-vie 5/6, etc.

Dans le commerce des eaux-de-vie ou esprits, on procède aux coupes ou mélanges, pour les réduire de leurs degrés de force, soit par addition d'eau ou de petites eaux préparées à cet usage ; soit par le mélange des

Table de gauche

Vide en centimètres	VIDE EN LITRES POUR LA CONTENANCE DE																
	70	106	114	136	200	228	236	285	300	325	360	400	480	510	530	560	620
1	1/2	1/2	1	1	1	1	1	1	1	1	2	2	2	3	3	3	3
2	1	2	2	2	3	3	3	3	3	4	4	4	4	4	4	5	5
3	2	3	3	4	4	5	5	5	5	6	6	7	8	9	10	11	12
4	4	5	5	6	7	7	8	8	9	10	11	11	11	12	13	14	14

(Suite du tableau, lignes 5 à 44 — valeurs numériques.)

Table de droite

Volume en centimètres	VIDE EN LITRES POUR LA CONTENANCE DE																
	406	114	136	200	228	236	285	300	325	360	400	480	510	530	560	620	

(Lignes 45 à 88 — valeurs numériques.)

Exemple. Pour un tonneau couché qui contient 285 litres et qui a 52 centimètres de vidange, vous trouvez à l'intersection de ces deux nombres celui de 342, représentant ce qu'il y a de vidange dans le tonneau. Ôtez 342 de 285, il ne reste plus que 83 litres.

qualités supérieures à des inférieures dans diverses proportions. Ces opérations sont souvent usitées avant de les livrer au commerce de l'intérieur et de l'étranger, dans les départements de la Charente et de la Charente-Inférieure, et dans plusieurs autres du Midi de la France. Je ne puis m'occuper ici de ces mélanges qui doivent guider le négociant ou propriétaire pour les expéditions qu'il doit faire, et les différentes marchandises en magasin.

Oter l'âpreté, ou goût de chaudière d'une eau-de-vie nouvelle.

Prenez par cent litres d'eau-de-vie nouvelle, 50 gr. d'alcali volatil (ammoniaque liquide), ou la valeur de 4 à 5 gouttes par litre d'eau-de-vie ; on agite fortement, et au bout de quelques jours, l'eau-de-vie a perdu son goût, s'est adoucie, et a pris un goût de vétusté ; l'alcali volatil a pour but d'absorber les arômes divers d'huile, ou volatil, ou empyreumatique, ou combinés à quelques acides ; ainsi l'eau-de-vie contient toujours de l'acide acétique qu'on neutralise par l'alcali ; je dois ajouter que cette addition ne peut, dans aucun cas, être nuisible à la santé.

Donner le goût de vieux.

Prenez par cent litres d'eaux-de-vie nouvelles de bonne qualité, 2 litres bon rhum, bien moëlleux ; ajoutez 2 litres 1/2 sirop de sucre. On mêle ce sirop dans 6 à 8 litres d'eau-de-vie, et on filtre ; car il serait à craindre, que ce mélange troublât l'eau-de-vie. Donner après avoir ajouté le rhum et l'alcali, un bon coup de fouet.

Cette eau-de-vie, au bout de quelques jours, prend un goût de vétusté comme si elle avait 5 ou 6 ans. J'engage, avant d'entreprendre cette opération, de réduire par addition d'eau, ayant recours aux tables du mouillage ; car malgré les ingrédients employés, si elle n'était pas réduite, la force dominerait, et l'opération deviendrait presque inutile ; il y a d'abord un grand avantage, c'est que vous augmentez la quantité. Les eaux-de-vie vieilles se vendent la plupart comme telles, sans degrés déterminés. Voici leurs différents âges et leurs degrés : à cinq ans, elles doivent peser 60 à 62 degrés centésimaux ; à 10 ans, de 52 à 55 ; à 15 et 20 ans, 45, 48 et 50. Les couleurs doivent varier suivant les âges ou les demandes des clients.

Je vais donner la manière de faire le caramel, et le choix des eaux, et petites eaux servant à leur préparation.

Caramel 1er procédé (fabrique d'Arras).

Prenez 50 kilog. mélasse de canne à sucre, mettez dans une bouilloire en cuivre sur le feu, sans ajouter d'eau ; lorsque votre mélasse brûle ou se caramélise, elle répand une odeur de brûlé très-forte, et elle devient d'un rouge noir. C'est alors que l'on la retire du feu, et que l'on y ajoute 50 litres d'eau de pluie, bien claire, ayant soin de remuer avec une spatule jusqu'à ce que ce soit parfaitement lié et ne forme aucuns grumeaux. On laisse reposer en le décantant doucement, afin de ne pas mettre le dépôt. On met en baril ou en bouteilles. S'il était trop épais ou trop clair, on diminuerait ou augmenterait la quantité d'eau. Ce procédé est aussi bon que par addition d'eau-de-vie, et plus économique.

2e procédé (fabrique de Cognac).

Faites choix de 25 kilog. de mélasse de cannes ou 25 kilog. cassonade brute et procédez exactement comme ci-dessus, sauf que pour remplacer l'eau vous y ajoutez 15 litres eau-de-vie (voir à l'article *Liqueurs : teinture colorante*).

Choix des eaux propres au mélange des eaux-de-vie.

Les eaux les plus propres au mélange des eaux-de-vie sont l'eau de pluie et de rivière, cette dernière est moins bonne étant fade et ayant souvent un goût d'herbe ; les eaux de puits et de fontaines sont ordinairement inférieures, étant presque toujours chargées de parties calcaires et de chaux qui se décompose et blanchit lors du mélange, surtout dans les 5/6 (voir l'oxalate d'ammoniaque pour reconnaître les eaux). Après avoir ramassé une certaine quantité d'eau de pluie, on la laisse reposer pendant quatre à cinq jours, afin qu'elle se décharge de toutes les matières qu'elle aurait pu entraîner des toits ; on la tire au clair et on y ajoute par 100 litres 10 litres eau-de-vie ou 5/6 pour la conserver au besoin. On trouvera plus loin le procédé employé à Cognac et qui ne laisse rien à desirer pour faire des eaux-de-vie vieilles. Avant je vais donner le procédé d'un filtre pour recevoir l'eau du ciel.

Les filtres pour les eaux sont ordinairement en zing, de la hauteur d'un mètre sur cinquante centimètres de diamètre et percé au fond d'une infinité de petits trous. Vous mettez pour la composition du filtre, trois couches de sable de rivière, bien lavé et passé, et trois couches de charbon de bois pilé, le tout disposé comme suit : 1° 15 centimètres de sable, 2° 20 centimètres de charbon, ainsi de suite jusqu'à la quatrième couche ; on met une couche de gros sable et une de gros charbon grossièrement pilé pour les deux dernières. Ce filtre se trouve suspendu sur une baille, ou tout autre vase, pour recevoir l'eau filtrée, et, par des tuyaux, la conduire dans les tonneaux destinés à cet usage. En cas où le filtre ne pourrait pas fournir à passer l'eau ainsi que les tonneaux à la recevoir, il faut y joindre des tuyaux de trop plein.

Petites eaux pour réduire les eaux-de-vie nouvelles en eaux-de-vie vieilles.

Prenez une pièce vide d'eau-de-vie d'une contenance quelconque ; défoncez-la d'un bout et mettez-y 10 kilog. par hectolitre de copeaux de dollange du bois de Berry (1). Vous remplirez d'eau, la pièce et au bout de cinq à six jours vous la retirerez afin de faire dégorger le bois ; vous la remplissez d'eau de pluie en y ajoutant un dixième d'eau-de-vie. Cette eau, au bout d'un certain temps, a un goût de rance ; mélangée en proportion convenable, elle colore l'eau-de-vie, lui donne bon goût et aucun réactif ne peut précipiter cette couleur naturelle de bois ; plus elle vieillit, meilleure elle devient.

---

(1) Les merrains du Berry et du Limousin sont une espèce de chêne blanc cristalisé, c'est le bois employé à Cognac et à Saint-Jean-d'Angély pour la fabrication des futailles ; les bois de Baston et de Hambourg ne sont pas propres à cet usage. On pourrait remplacer les copeaux par le même poids de coquilles de noix bien fraîches ; ce qui a pour but de donner un bon goût, et du rancio à l'eau-de-vie.

Sous tous les rapports, l'avantage des petites eaux est incontestable ; votre eau-de-vie est toujours claire, tandis que par d'autres moyens, l'on est souvent obligé de filtrer. Cette opération est vicieuse, perdant un seizième d'alcool pur qui se trouve absorbé par l'air. Pour la réduction des 5/6, il faudrait beaucoup trop de petites eaux ; l'on emploie l'eau de pluie filtrée comme ci-dessus.

Faire des vieux Cognacs. (Procédé pour vieillir.)

1er PROCÉDÉ.

Prenez 100 litres eau-de-vie nouvelle ou rassise,
Petites eaux pour la réduire à 50 degrés,
1 litre 1/2 vieux kirch,
1 litre 1/2 vieux rhum,
1 litre 1/2 sirop clarifié,
1/2 litre infusion alcoolique de noix vertes (voir sa préparation),
25 grammes alcali volatil.

Vous mélangez le tout ensemble et vous donnez un coup de fouet ; vous y ajoutez l'alcali et brassez de nouveau. Par ce procédé vous obtenez une eau-de-vie vieille d'un goût et d'un bouquet agréables.

2e PROCÉDÉ.

Prenez 100 litres eau-de-vie de Saintonge,
50 litres vieux armagnac,
2 litres rhum,
2 litres kirch,
2 litres sirop bien cuit et clarifié,
1 litre infusion alcoolique de noix vertes,
Petites eaux pour réduire de 48 à 50 degrés centésimaux.

On procède comme ci-dessus, et on y ajoute 50 grammes d'alcali volatil.

Plusieurs personnes emploient le thé ; mais ces opérations deviennent trop coûteuses et ne produisent pas un très-bon effet. On peut, plus ou moins, diminuer ou augmenter ces quantités, suivant les goûts des localités.

3ᵉ PROCÉDÉ.

Pour un hecto eau-de-vie

Un litre vieux rhum dans lequel vous ferez infuser pendant trois semaines 2 gr. iris de Florence en poudre, les zestes de deux oranges, le quart d'une gousse de vanille. D'autre part, vous prenez 15 gr. bon thé vert, 15 gr. fleur de tilleul, sur lesquels on versera un litre d'eau bouillante ; infuser pendant une demi-heure. On ajoutera les deux infusions, pressées et filtrées, aux cent litres d'eau-de-vie. On fouette, et y ajoute 25 gr. alcali volatil.

4ᵉ PROCÉDÉ.

Extrait ou Rancio pour faire deux hectolitres de vieux cognac.

Prenez cachou en poudre, 115 grammes,
Baume de tolu en poudre, 7 grammes,
Eau-de-vie à 58 degrés, 1 litre.

Faites infuser pendant 24 heures en ayant soin d'agiter souvent et fortement ; puis laissez reposer pendant douze heures, et tirez au clair; ajoutez 50 gr. alcali volatil, et versez dans votre eau-de-vie le liquide obtenu ; fouettez pendant cinq minutes.

Observation. — Quand on opère sur du 5/6 on peut diminuer la dose du cachou de moitié et doubler celle du baume de tolu, et si vous ne voulez pas colorer votre 5/6, n'employez que du baume de tolu.

Pour toutes ces opérations de Cognac l'on peut réduire à tel degré que ce soit, et d'après ces procédés, faire plusieurs mélanges.

Un propriétaire d'une commune environnante de Cognac, ramassa, en peu d'années, une brillante fortune en vendant des eaux-de-vie nouvelles pour des vieilles aux négociants de Cognac. Voici la préparation qu'il leur faisait subir : Pour cent litres d'eau-de-vie nouvelle ou rassise, prenez 1 kilo 500 gr. croûte de pain brûlé des deux côtés, petites eaux de coquilles de noix pour réduire de 55 à 55 degrés centésimaux. Après avoir fait infuser pendant trois semaines la croûte de pain dans 10 litres eau-de-vie, il pressait et filtrait à la chausse et ajoutait le tout à l'eau-de-vie avec 25 gr. alcali volatil.

J'engage MM. les négociants de l'intérieur, pour bien faire ou imiter ces eaux-de-vie vieilles, 1° à tirer leurs marchandises de première qualité, sans falsification. Beaucoup de négociants dans les eaux-de-vie dites de Saintonge et de Cognac, font passer aujourd'hui une certaine quantité de 5/6 dédoublé; mais cette fraude peut se reconnaître par les réactifs, étant obligés de les réduire par addition d'eau, ou, s'il n'y en a pas, l'eau-de-vie est très-forte, et se reconnaît encore par son goût d'âcreur que n'ont pas les eaux-de-vie de Saintonge; 2° d'acheter toujours ces eaux-de-vie telles que le négociant les achète chez le propriétaire, c'est-à-dire sans les faire réduire de 58 à 60 degrés centésimaux, pesant naturellement 65 à 68.

Je vais donner les noms des principaux négociants de Saint-Jean-d'Angély, dont je connais le mode d'expédition, et vendant les produits du pays sans falsification :

MM. Renou, Brisset jeune et Cⁱᵉ,
    Audouin Alex.,
    Mousnier Abel,
    Fromy fils,
    Vassol et Tamault,
    Clouseau,
    Audouin et Hiriard,
    Roux,
    Pernez frères,
    Sorin frères,
    Guérin, à Saint-Julien (près Saint-Jean).

Eau-de-vie appropriée au goût anglais.

Les eaux-de-vie appropriées au goût anglais sont ordinairement fortes en esprit de 58 à 60 degrés, chargées de sirop et fortes en couleur. Voici leur préparation, pour cent litres : eau-de-vie à 60 degrés 5 à 4 litres, sirop bien cuit à 52 degrés et couleur un peu foncée. Ces eaux-de-vie s'expédient souvent en bouteilles.

Coupe des 5|6.

Prenez cent litres de 5|6 à 86, pour réduire, d'après les tables, de 50 à 52 ou autres degrés, ajoutez 52 grammes alcali volatil et donnez la couleur convenable avec le caramel. On peut encore dans les coupes y faire un mélange d'armagnac qui améliore beaucoup aussi ; des infusions de thé et tilleul dans les proportions de 50 gr. de chaque par cent litre.

Faire de bonne eau-de-vie de Cognac avec les 5|6.

Prenez 100 litres 5|6 réduits à l'eau de pluie au degré voulu ; on y ajoute une infusion de 125 gr. de tilleul, 60 gr. de thé, 50 gr. de cachou pilé, 4 gr. rhubarbe, 4 gr. noix muscades, 1 gr. aloès succottin ; on verse sur le tout 2 litres eau bouillante, et au bout de huit jours d'infusion on y ajoute, par cent litres, 9 litres jus de raisin.

5|6 de betterave, en faire de bonne eau-de-vie, sa clarification en 12 à 15 heures, et les moyens de l'empêcher de se décomposer à l'air libre.

Depuis plusieurs années la valeur de l'alcool, qui a plus que quadruplé par la mauvaise récolte et la maladie de la vigne, a engagé plusieurs distillateurs à s'occuper de découvrir un moyen de fabriquer de l'eau-de-vie avec des plantes renfermant soit du sucre, soit de la fécule. On sait que ces deux subtances ont la propriété de se transformer en alcool par suite de la fermentation ; cette découverte qui remonte vers 1720, n'est point une conquête du jour : dans un Traité, publié par Dejean, on trouve quelques notices sur la distillation du suc exprimé des substances végétales sucrées. Les semences, farines, etc., délayées dans une certaine quantité d'eau, à une température un peu élevée, sont les matières les plus propres à la fermentation spiritueuse ou vineuse, pour obtenir, au moyen de la distillation, l'alcool. On voit que, depuis près de deux siècles, l'art de distiller les subtances sucrées était connu ; mais ce n'est que depuis quelques années que (le manque de vins s'étant fait sentir sur tous les vignobles en général), l'on s'est préoccupé sérieusement de la distillation de l'alcool de betteraves, qui suit, aujourd'hui presque le même cours que celui du vin, quoique ayant un goût plus désagréable, que l'on est arrivé à faire disparaître. Aussi aujourd'hui beaucoup de sucreries sont tournées en distilleries, et ont obtenu un succès brillant. Je ne parlerai point ici de la manière de fabriquer l'alcool de betteraves, seulement des moyens employés pour son amélioration dans les coupes pour le réduire en eau-de-vie.

Pour 2 hecto d'eau-de-vie de betteraves à 50 degrés, prenez 60 gr. carbonate de potasse pure (et non potasse de commerce) que vous faites infuser pendant 12 heures dans un demi-litre d'eau ; vous ajoutez à vos deux hecto d'eau-de-vie 250 gr. sel de cuisine. Le carbonate de potasse pur a pour but d'obtenir une prompte clarification, et empêche la décomposition à l'air libre ; le sel a pour but de retenir les matières sucrées entraînées dans l'esprit par la distillation. Pour donner un bon goût à ces eaux-de-vie, il faudrait les couper avec des petites eaux préparées avec les bois de Berry (1).

Les 5|6 de betteraves se reconnaissent des 5|6 de Monpellier à ce qu'ils précipitent des matières sucrées en forçant un peu le réactif, et les 5|6 de Monpellier ne donnent presque rien (1-2).

Infusion alcoolique de noix vertes.

Faites choix de belles noix vertes, avant que le bois ne soit formé, de manière à ce qu'une épingle puisse y pénétrer, ce qui arrive à peu près du 20 juin au 10 juillet ; vous les pilez, et vous mettez, par cent de noix, 5 litres eau-de-vie ; au bout d'un mois vous pouvez vous servir de l'infusion.

Bonifier les eaux-de-vie de la Rochelle et autres.

Pour 200 litres prenez 100 gr. thé vert, 60 gr. thé noir, versez dessus 2 litres eau bouillante dans laquelle vous aurez fait fondre

(1) Voir leur préparation.
(2) Voir les réactifs, voyez clarification de toutes espèces de liquides.

500 gr. de sucre; après une heure d'infusion, passez et filtrez; ajoutez ceci à l'eau-de-vie en lui donnant un coup de fouet, et au bout de quinze jours vous aurez d'excellente eau-de-vie.

Détruire les mauvais goûts donnés aux eaux-de-vie par divers accidents.

Pour 200 litres eau-de-vie, prenez 5 kilog. noir d'ivoire, 500 gr. magnésie, 250 gr. potasse blanche et pur (et non potasse de commerce), 500 gr. chaux vive, ajoutez le tout à l'eau-de-vie et laissez pendant trois semaines en ayant soin de remuer tous les jours avec un fouet, ensuite tirez au clair et filtrez le reste.

On peut encore enlever le goût avec 250 gr. d'huile d'olive pure et bien fraîche, en agitant aussi pendant quinze jours.

Procédé pour faire le Rhum.

Prenez 25 kilo mélasse de canne, 50 litres eau de pluie, 1 kilo 500 gr. levûre de bière 1 kilo 500 gr. pruneaux de Radelle, 250 gr. écorce d'orange, vous faites bouillir le tout, sauf la levûre de bière, pendant cinq à six minutes, et vous laissez infuser pendant quinze jours en y ajoutant 250 gr. de cuir de bœuf tanné, coupé par petits morceaux, pour le faire fermenter; ensuite, au bout de quinze jours encore, vous ajoutez 100 litres esprit à 86 degrés et vous filtrez.

On peut encore imiter le rhum en se procurant des morceaux de canne à sucre dans la proportion de 8 kilog. 500 gr. par 100 litres d'alcool à 86 degrés, et 50 litres eau pure. On peut conduire la distillation rapidement moyennant que l'on y ajoute 1 kilo de sel commun par 100 litres de liquide, afin d'empêcher les matières sucrées de la canne de s'élever avec l'esprit; une fois la distillation finie, on colore avec du caramel.

On peut aussi faire du rhum de la manière suivante :

Eau-de-vie de mélasse, cent litres; cuir de bœuf tanné, quatre kilogrammes; écorce de bois de chêne fraîchement pilée, cinq cents grammes. Infuser le tout pendant un mois et distiller.

Kirch-Wasser.

Prenez 50 kilog. cerises noires et sauvages, écrasez-les avec un fort pilon; puis on les met dans une cave, les exposant à une température élevée de 15 à 18 degrés. Une fois que la fermentation a cessé, ce qui arrive au bout de quinze à vingt jours, vous mettez le tout dans une chaudière et vous distillez afin que la matière ne brûle pas; on y met un grillage pour que rien ne tombe au fond de la cucurbite. Comme ces proportions ne produisent guère de kirch, on peut, pour distiller, ajouter de l'esprit ou de préférence de l'eau-de-vie de 65 à 68 degrés. Pour faire vieillir le kirch on l'expose à une forte gelée et on bouche les bouteilles avec du papier.

On peut encore préparer le kirch de la manière suivante : Faites infuser pendant huit jours dans dix litres esprit ou eau-de-vie, 1 kilog. 250 gr. de noyaux de cerises sauvages pilées, et distillez jusqu'à ce que vous ayez reçu vos dix litres; ajoutez un gr. essence de noyaux, 80 gouttes essence de néroli, et l'eau pour le réduire à 55 degrés.

Vermouth de Turin.

500 gr. feuille de menthe récente,
  id.   feuille de mélisse,
  id.   tige d'angélique fraîche,
  id.   petite absinthe de jardin,
 50 gr. canelle concassée,
 18 litres esprit.

Infusez le tout pendant 48 heures et distillez, ajoutez 60 gr. sucre par litre, et eaux pour la réduire à un degré convenable; mais il est préférable de le couper avec du vin blanc (couleur jaune eau-de-vie).

Rectification de l'alcool.

De tous les moyens adoptés pour la rectification de l'alcool, le plus simple et le meilleur consiste à faire chauffer jusqu'à rouge, de la chaux éteinte, afin qu'elle soit entièrement privée d'eau. (La meilleur manière

est de la sécher au four et de la concasser grossièrement). On l'introduit pendant qu'elle est encore chaude dans l'alambic ou chaudière en
mettant son poids égal d'alcool ; on remue, et, au bout de 24 heures,
on distille au bain-marie par un feu très-modéré, en ne laissant venir
qu'un léger filet, jusqu'au 4/5 de l'esprit que vous avez mis ; les premiers 4/5 sont de l'alcool pur, et l'autre cinquième est chargé de
flegmes et d'eau.

Plusieurs autres procédés sont employés pour rendre l'alcool
enhydre ou alcool pur : les uns, pour le mettre de 57 à 58 degrés de
Cartier, le rectifient sur le muriate calcaire desséché, ou sur le sulfate
de soude effleuri, ou sur la chaux vive, et la potasse agissant sur
l'alcool le décompose en partie, lui donne une couleur rousse (due à
un peu de son carbone séparé de l'hydrogène), forme un liquide très-
léger, âcre, brûlant, très-avide de s'unir à l'eau, pénétrant d'une
odeur agréable.

En le mêlant à l'eau, il y a une pénétration vive, avec dégagement
de chaleur et les deux liquides occupent moins d'espace qu'auparavant.
Les rectifications sur le charbon ou le manganèse, diminuent l'odeur
de l'empyreume sans le détruire. On a recommandé aussi pour cela de
rectifier l'alcool avec de l'acide muriatique ou un peu d'acide nitrique ;
mais celui-ci forme de l'éther. D'après un raisonné de l'alcomètre par
M. Gay-Lussac et la table de Morozeau, je vais donner le poids d'un
litre eau-de-vie ou alcool, savoir : l'eau au-dessous de zéro à 1,000 ou
à 1 kilogramme ; et le poids de l'alcool pur à 100 à 0,795. *(Voir le
tableau à la p. 59.)*

Table des réactifs ou précipités *pour reconnaître la
falsification des vins, eaux-de-vie, vinaigres, etc.*

On fait non seulement du vin avec du raisin, mais avec tous les
fruits ou liquides contenant une matière sucrée, comme le cidre, le
poiré, etc.

Le vin de raisin est composé, outre l'alcool, de substances extractives du sucre, et d'un peu de muscoso sucré, indécomposé, d'une

matière colorante extracto-résineuse, rouge-brune dans les vins rouges, fauve-claire dans les vins blancs ; de l'acide carbonique, des arômes particuliers qui donnent le bouquet et le goût à chaque vin, enfin du surtartrate de potasse, ou du tartre, et des acides maliques acétiques, ou même le citrique quelquefois en diverses proportions.

La matière colorante des vins qui réside dans la pellicule du raisin, n'est pas seulement dissoute par l'alcool, mais encore par l'acide du tartre. Il ne paraît pas, aujourd'hui, que les frelateurs de vins y ajoutent de la litharge pour les adoucir et leur ôter leur verdeur ; la chaux et la potasse sont employés de préférence : on reconnaît la présence de la chaux par l'acide oxalique, et celle de la potasse par l'acide sulfurique ; celle du sulfate d'alumine, ou par la potasse qui précipite l'argile, ou par la baryte qui s'empare de l'acide sulfurique. L'évaporation du vin à sec donne aussi le résidu des matières qu'il tient en dissolution.

Les hydrosulfures (foies de soufre en liqueurs), recommandés pour précipiter en noir les oxides métalliques contenus dans les vins frelatés, noircissent les vins très-rouges quoique purs. Les vins mêlés avec le cidre et le poiré donnent comparativement plus d'extractifs par l'évaporation et plus d'acides maliques ; cet extractif exhale en brûlant l'odeur du caramel.

La présence de la litharge se reconnaît par l'huile de vitriol ; s'il est adulcoré par la litharge, il devient blanc comme du lait.

M. Bouchardat vient d'indiquer un moyen sûr pour reconnaître les vins surchargés d'alcool et étendus d'eau ; il s'exprime ainsi : « La principale falsification des vins consiste à les introduire surchargés d'alcool où les octrois sont considérables ; puis, une fois entrés, les étendre d'eau. J'ai cherché à reconnaître cette fraude et voilà les principales données que j'invoque : je fixe exactement la proportion de résidu solide laissé par le vin examiné. Les vins en matière assez dépouillés pour être potables laissent en moyenne 24 gr. de résidu sec par litre ; les vins étendus d'eau que j'ai examinés ne m'en ont laissé que 44 à 46 gr. Je décolore, avec le chlore, un échantillon de vin normal et un échantillon de vin soupçonné, j'ajoute dans les deux liquides un excès d'oxalate d'ammoniaque, et j'estime la quantité de chaux précipitée; j'attache beaucoup de prix à ce caractère : en effet, les vins naturels potables, qui, conservés, sans addition aucune, au moins pendant deux ans, sont dépouillés par les dépôts et par les soutirages successifs, de la plus grande partie des sels calcaires qu'ils contenaient, se sont précipités à l'état de tartrate de chaux, et donnent un précipité très-faible ; tandis que les vins allongés le sont ordinairement avec de l'eau de puits par le marchand qui aime à faire ces additions et qui craindrait d'éveiller les soupçons en faisant entrer chez lui des masses d'eau de rivière. Ces vins nouvellement faits ne sont pas dépouillés de leur sel de chaux introduit avec l'eau, et ils se précipitent abondamment par l'oxalate d'ammoniaque. »

La réunion de ces essais m'a permis de porter des jugements qui m'ont fait reconnaître l'exactitude de ces faits.

Réactifs. — *Solution de baryte.*

La baryte décèle dans les eaux les acides carboniques et sulfuriques, en produisant un sulfate et un carbonate insoluble ; elle fait aussi connaître la présence de l'eau dans l'alcool ; lorsque celui-ci contient de l'eau, les cristaux de baryte se délitent, ce qui, dans le cas contraire, n'arrive pas.

Sous-acétate de plomb

Fait apprécier la quantité d'alcool dans quelques liqueurs ou boissons fermentées que ce soit ; il précipite dans ce cas les matières extractives et colorantes qui accompagnent ces liquides ; il ne reste plus alors, quand ils sont filtrés, que de l'alcool plus de l'eau ; on sépare l'alcool à l'aide de sous-carbonate de potasse sec et chaud, dissout dans de l'eau, ce qui fait que l'alcool ou l'eau-de-vie surnage isolée. L'acétate de plomb (ou extrait de Saturne), fait aussi blanchir les eaux-de-vie quand il y a de l'eau ; permet encore de s'assurer de la coloration artificielle des vins ; donne un précipité bleu-foncé quand la matière a été fournie par les baies de sureau, myrtille ou le bois de campêche; et un précipité rouge quand elle est dû au santal, aux betteraves ou au bois de fernambouc ; il précipite la matière colorante du vin naturel ou verdâtre.

Acide sulfureux.

Il est mis en usage pour muter les vins et tous les liquides dont on veut retarder la fermentation.

L'hydrochlorate de baryte et muriate de baryte

Fait reconnaître la présence de l'acide sulfurique dans les liquides ; on s'en sert particulièrement pour s'assurer de la présence de cet acide minéral dans le vinaigre du commerce. L'acétate de baryte fait reconnaître l'alun dans le vin.

Sulfate double ou triple d'alumine, de potasse et d'ammoniaque (alun)

Fait connaître le principe colorant des vins en donnant un précipité violet-clair ; avec le tournesol, violet-foncé ; avec le bois d'Inde, violet-bleuâtre ; avec l'hièble et le troène, couleur de lie sale ; avec l'airelle et la lacque, rouge.

L'alcool

Permet de séparer le sucre incristalisable du sucre cristalisable, celui-ci est insoluble dans l'alcool à 42 degrés, tandis que l'autre est soluble ; ainsi que pour la matière extractive, c'est par des lavages que l'on opère. L'alcool précipite le tartre au vinaigre non distillé, car son affinité pour l'eau est plus grande que celle de l'eau pour le sel.

Le charbon animal enlève au liquide la chaux qu'il contient par la propriété dont il jouit de la précipiter ; et on sait qu'il décolore certains liquides. Le papier tournesol fait reconnaître dans le liquide la présence d'un acide ; il se colore plus ou moins foncé, suivant l'énergie de l'acide.

Oxalate d'ammoniaque

Sert particulièrement à reconnaître les eaux propres aux mélanges des eaux-de-vie. Pour reconnaître si l'eau est de bonne qualité, il suffit de prendre une pincée d'oxalate pour un verre d'eau : si l'eau devient blanche, elle n'est pas bonne, elle est chargée de parties calcaires et de chaux qui se décomposent et blanchissent lors du mélange; si elle reste telle, elle est parfaite.

N. B. — Toutes ces épreuves ne se font que sur un petit échantillon, et qui est regardé comme perdu. Ne pas en boire après l'essai.

Poids de l'alcool.

DEGRÉ RÉEL de l'alcool.	DENSITÉ.	DEGRÉ RÉEL de l'alcool.	DENSITÉ.	DEGRÉ RÉEL de l'alcool.	DENSITÉ.	DEGRÉ RÉEL de l'alcool.	DENSITÉ.
0	1,000	26	0,970	52	0,934	78	0,871
1	0,999	27	0,969	53	0,932	79	0,868
2	0,997	28	0,968	54	0,930	80	0,865
3	0,996	29	0,967	55	0,927	81	0,863
4	0,994	30	0,966	56	0,925	82	0,860
5	0,993	31	0,965	57	0,923	83	0,857
6	0,992	32	0,964	58	0,921	84	0,854
7	0,990	33	0,963	59	0,919	85	0,851
8	0,989	34	0,962	60	0,947	86	0,848
9	0,988	35	0,961	61	0,915	87	0,845
10	0,987	36	0,960	62	0,912	88	0,842
11	0,986	37	0,959	63	0,909	89	0,838
12	0,984	38	0,958	64	0,907	90	0,835
13	0,983	39	0,957	65	0,905	91	0,832
14	0,982	40	0,956	66	0,902	92	0,829
15	0,981	41	0,955	67	0,899	93	0,826
16	0,980	42	0,954	68	0,896	94	0,822
17	0,979	43	0,952	69	0,893	95	0,818
18	0,978	44	0,950	70	0,891	96	0,814
19	0,977	45	0,948	71	0,888	97	0,810
20	0,976	46	0,946	72	0,886	98	0,805
21	0,975	47	0,944	73	0,884	99	0,800
22	0,974	48	0,942	74	0,881	100	0,795
23	0,973	49	0,940	75	0,879		
24	0,972	50	0,938	76	0,876		
25	0,971	51	0,936	77	0,874		

TABLEAU DU PRIX DE L'HECTOLITRE D'EAU-DE-VIE

Mis en rapport avec le prix des vingt-sept veltes et le prix de chaque velte.

PRIX de l'hecto	PRIX des 27 veltes.	PRIX de la velte.	PRIX de l'hecto.	PRIX des 27 veltes.	PRIX de la velte.
fr	fr c	fr c	fr	fr c	fr c
40	82 19	5 04	73	150 00	5 55
41	85 25	5 12	74	152 05	5 65
42	86 30	5 19	75	154 11	5 71
43	88 36	5 27	76	156 17	5 78
44	90 41	5 34	77	158 22	5 86
45	92 46	5 45	78	160 28	5 95
46	94 52	5 50	79	162 33	6 01
47	96 58	5 57	80	164 39	6 08
48	98 65	5 65	81	166 44	6 16
49	100 69	5 72	82	168 50	6 24
50	102 75	5 80	83	170 56	6 31
51	104 78	5 88	84	172 61	6 39
52	106 84	5 95	85	174 66	6 46
53	108 89	4 03	86	176 72	6 54
54	110 95	4 11	87	178 77	6 61
55	113 00	4 18	88	180 83	6 69
56	115 06	4 26	89	182 88	6 77
57	117 11	4 54	90	184 94	6 85
58	119 17	4 41	91	187 00	6 92
59	121 22	4 49	92	189 05	7 00
60	123 28	4 56	93	191 11	7 08
61	125 33	4 64	94	195 16	7 15
62	127 39	4 72	95	195 22	7 25
63	129 44	4 80	96	197 27	7 30
64	131 50	4 87	97	199 52	7 58
65	133 55	4 95	98	201 58	7 45
66	135 61	5 02	99	203 45	7 52
67	137 66	5 10	100	205 48	7 60
68	139 72	5 17	101	207 55	7 60
69	141 78	5 25	102	209 59	7 75
70	143 83	5 32	103	211 64	7 85
71	145 89	5 40	104	213 70	7 90
72	147 94	5 47	105	213 75	7 98

PRIX de l'hecto.	PRIX des 27 veltes.		PRIX de la velte.		PRIX de l'hecto.	PRIX des 27 veltes.		PRIX de la velte.	
fr	fr	c	fr	c	fr	fr	c	fr	c
106	217	80	8	05	144	295	88	10	94
107	219	86	8	14	145	297	94	11	02
108	221	91	8	21	146	300	00	11	10
109	223	96	8	29	147	302	05	11	18
110	226	02	8	36	148	304	11	11	26
111	228	07	8	44	149	306	17	11	54
112	230	15	8	52	150	308	23	11	42
113	232	18	8	60	151	310	28	11	49
114	234	24	8	67	152	312	54	11	56
115	236	50	8	75	153	314	59	11	64
116	238	55	8	82	154	316	44	11	72
117	240	40	8	90	155	318	50	11	80
118	242	46	8	98	156	320	56	11	86
119	244	52	9	05	157	322	61	11	94
120	246	57	9	13	158	324	66	12	02
121	248	63	9	20	159	326	72	12	09
122	250	68	9	28	160	328	78	12	16
123	252	74	9	35	161	330	85	12	24
124	254	79	9	44	162	332	88	12	52
125	256	84	9	52	163	334	94	12	40
126	258	89	9	60	164	337	00	12	48
127	260	94	9	67	165	339	00	12	55
128	263	00	9	74	166	341	12	12	62
129	265	05	9	82	167	343	17	12	70
130	267	10	9	90	168	345	22	12	78
131	269	16	9	97	169	347	27	12	86
132	271	22	10	04	170	349	52	12	92
133	273	27	10	12	171	351	38	13	00
134	275	32	10	20	172	353	44	13	08
135	277	38	10	27	173	355	49	13	15
136	279	44	10	34	174	357	56	13	22
137	281	49	10	42	175	359	60	13	30
138	283	56	10	50	176	361	66	13	38
139	285	61	10	57	177	363	74	13	46
140	287	66	10	64	178	365	76	13	54
141	289	72	10	72	179	367	82	13	42
142	291	78	10	80	180	369	88	13	70
143	295	84	10	87	181	371	94	13	77

PRIX de l'hecto.	PRIX des 27 veltes.		PRIX de la velte.		PRIX de l'hecto.	PRIX des 27 veltes.		PRIX de la velte.	
fr	fr	c	fr	c	fr	fr	c	fr	c
182	574	16	15	84	192	594	54	14	60
183	576	22	15	82	193	596	59	14	68
184	578	27	14	00	194	598	64	14	76
185	580	52	14	08	195	400	70	14	85
186	582	58	14	16	196	402	76	14	90
187	584	44	14	25	197	404	81	14	97
188	586	49	14	50	198	406	86	15	04
189	588	54	14	58	199	408	91	15	12
190	590	59	14	46	200	410	96	15	20
191	592	64	14	55					

3ᵉ Partie.

FABRICATION DES LIQUEURS.

L'art du distillateur-liquoriste consiste, en général, à tirer et séparer des corps mixtes par le moyen de la distillation, les eaux, les essences à fabriquer les liqueurs proprement dites, ou les arômates distillés ou infusés ; les fruits entiers ou leurs sucs se trouvent diversement combinés.

La distillation est une des opérations éminemment connues ; elle a pris son origine dans le laboratoire des premiers hommes qui se sont occupés de la médecine.

La fabrication des liqueurs et leurs usages étaient d'une bien mince importance autrefois. Par quel prodige l'eau-de-vie, à peine connue en

1555 par les chimistes qui avaient des précautions infinies et des appareils multipliés, a-t-elle pu devenir, en moins de trois siècles, la liqueur la plus généralement consommée? Quel a été le fabricant ou le négociant assez industrieux pour réduire cette opération, pour ainsi dire, à son moindre terme, la faire adopter du peuple et la transformer en un objet de commerce aussi universel.

Vers 1630, lorsque l'eau-de-vie devint la boisson ordinaire des gens du peuple, quelques particuliers voulurent en corriger la trop grande violence en faveur des personnes délicates, et, en y mêlant des arômates, convertir cette eau-de-vie en une liqueur agréable et douce. C'est de cette époque que date l'origine et la composition des liqueurs.

Le premier ratafia connu en France, est le *rossolio*, dont les Italiens venus à la suite de Catherine de Médicis, vers 1555, nous apportèrent la récolte. Je ne rapporterai plus aucun de ces faits que l'histoire se plaît à reproduire, et qui n'ont pour cet ouvrage que peu d'importance.

FILTRATION DE TOUTES ESPÈCES DE LIQUIDES

Moyen le plus simple et le plus prompt de filtrer.

La filtration consiste à faire passer un liquide à travers un tissu assez serré pour que toutes les parties grossières du mélange soient retenues et séparées du liquide qui doit être clair et limpide ; lorsque ce sont des parties huileuses ou résineuses, ou très-épaisses, dont on veut affranchir une liqueur, l'on a recours au lait frais : un demi-litre par vingt bouteilles de liquide qu'on mélange en l'agitant fortement et le laissant reposer vingt-quatre heures. On enlève le dépôt qui garnit la surface du vase (1), et on filtre de la manière décrite ci-dessous ; ce procédé peut être employé pour toutes espèces de liqueurs qui, par le mélange des ingrédients, auraient formé un fort dépôt, lorsque l'on introduit les essences, dont le mélange devient blanc, telle est l'essence d'anis, etc.

_____

(1) Ayant soin de ne filtrer ce dépôt qu'en dernier.

Le meilleur moyen de filtrer, c'est de faire faire une chausse en molleton (1) ou en drap de Lodève, blanc, en forme de cône; vous y attachez quatre filets pour le suspendre soit sur des chaises, à l'aide de deux bâtons, ou au moyen d'un cercle en fer le long du mur à l'aide de grappe.

Pour filtrer vingt litres de liqueur, comme pour cent, prenez trois feuilles de papier blanc non collé; il faut le dissoudre, en le chiffonnant feuille par feuille, dans un vase quelconque, où l'on aura mis trois à quatre litres d'eau; on le réduit en forme de bouillie en le battant bien avec un morceau de bois où sont attachées plusieurs petites branches de fil de fer ployées; une fois réduit en bouillie bien claire, sans qu'il y ait aucun petit grumeau, il faut mettre le tout dans un tamis afin de retenir le papier, on le presse jusqu'à ce qu'il ne reste aucune goutte d'eau; puis on le jette dans la liqueur. On le bat de nouveau pour le réduire à l'état qu'il était dans l'eau; on jette le tout dans le filtre, ayant soin d'avoir un autre vase dessous pour recevoir le liquide; on rapporte ce qui en sort et on le rejette dans le filtre; on continue cette opération jusqu'à ce que le liquide soit bien clair et transparent. C'est la seule manière de bien filtrer et promptement toute sorte de liquide. Avant de filtrer, il faut observer que, pour maintenir la limpidité des liqueurs, il est nécessaire de tremper les bouchons dans la partie d'esprit ou d'eau-de-vie que l'on emploie, et d'en passer un peu dans les bouteilles. Servez-vous de bouteilles neuves et bien rincées.

Lorsque l'on a une ou deux bouteilles à filtrer, on prend une feuille de papier non collé, ployée en forme de cône, par plusieurs plis, que l'on met sur un entonnoir de verre ou autre; le liquide vient goutte à goutte aussi clair que passé à la chausse.

On filtre aussi à travers une couche de sable et de charbon que l'on a mis sur un entonnoir (2). Cette manière de filtrer est surtout usitée pour les matières acides qui détruiraient le papier et l'étoffe.

------

(1) Les chausses ou filtres en feutre donnent souvent un mauvais goût au liquide.

(2) Voyez *Filtration des eaux* (article eaux-de-vie).

En suivant ces procédés, on peut filtrer toutes espèces de liquides de nature quelconque ; c'est le seul moyen pour filtrer promptement.

Manière de faire le sirop.

Sucre en pain , 10 kilog.

Eau , 2 litres.

Prenez une bassine en cuivre rouge, mettez-y le sucre, ajoutez peu à peu les deux litres d'eau en arrosant le pain de manière à faire tomber l'eau sur les parties extérieures ; portez la bassine sur un fourneau, et, à l'aide d'un feu vif, on opère la fusion.

Prenez les blancs de quatre œufs avec leurs coquilles brisées dans deux litres d'eau, battez-les bien à n'en former qu'une écume ; lorsque le sirop bout et commence à monter, jettez-y environ la moitié de votre eau albumineuse : par cette immersion votre sirop s'affaisse pour remonter, et lorsqu'il remonte, versez de nouveau une petite quantité d'eau ; arrêtez le feu et il baisse entièrement ; l'écume acquiert plus de consistance, il faut alors l'enlever avec une écumoire, en entretenant le sirop à une ébullition bien soutenue. Versez en deux fois le reste de l'eau albumineuse ayant soin de toujours la jeter de hauteur et d'enlever l'écume. Examinez l'état du sirop et ajoutez-y un demi-litre d'eau froide. Regardez à l'aréomètre de Baumé s'il porte, bouillant, 50 degrés , afin que, froid, il pèse 52, consistance qu'il doit avoir. Lorsqu'il est retiré du feu, il faut le passer dans un filtre de molleton, même une seconde fois, afin qu'il sorte clair ; vous pouvez saupoudrer le filtre d'un peu de noir d'ivoire. Il faut toujours en le filtrant, le conserver chaud, afin qu'il ne s'oppose pas à la filtration. Conservez-le dans des vases bien bouchés.

On peut aussi faire le sirop à froid et au même degré que ci-dessus.

Degrés de sirop que doivent avoir les liqueurs, suivant leurs qualités.

Liqueur des distillateurs de Paris, 5 et 4 degrés, au pèse sirop aréomètre de Baumé.

Liqueur extra-fine,   25 degrés
  id.   surfine,   22 id.
  id.   fine   18 id. } au pèse sirop, aréomètre
  id.   demi-fine,   10 id. de Baumé.
  id.   ordinaire,   5 id.

Proportion pour les liqueurs.

ORDINAIRE.

Esprit 5/6, 6 litres; sucre, 2 kilogrammes 500 grammes.

DEMI-FINE.

Esprit 5/6, 7 litres; sucre, 5 kilogrammes.

FINE.

Esprit, 8 litres; sucre, 7 kilogrammes 500 grammes.

SURFINE.

Esprit, 8 litres 1/2; sucre, 10 kilogrammes.

Nota. Après toutes ces quantités, employez le surplus pour arriver à 20 litres avec de l'eau. Ayant toujours soin de ne mélanger les essences et les couleurs qu'avec de l'esprit de vin.

Recettes pour fabriquer 20 bouteilles de liqueurs sans distillation (1).

Anisette ordinaire.

12 grammes essence d'anis préparé,
10 gouttes essence de canelle de Ceylan,
6 litres esprit.

Vous prenez la qualité de sucre et d'eau indiquée ci-dessus, suivant la qualité que vous voulez faire; vous mélangez vos essences dans une certaine quantité d'esprit et vous ajoutez le tout ensemble, ayant soin

---

(1) Voir la préparation des essences.

de goutter s'il y en a assez, ce qui varie selon la pure nature des essences. Une fois tout mélangé, vous filtrez (voyez *Filtration*) et suivez la même manière pour toutes les liqueurs faites sans distillation.

Huile de noyaux.

4 grammes essence de noyaux et procédez de la même manière décrite ci-dessous, observant toujours pour faire 20 bouteilles.

Persicot.

5 grammes essence de persicot.

Huile de rose (couleur rose).

20 gouttes essence de rose.

Huile de Menthe (couleur verte).

6 grammes essence de menthe.

Marasquin.

8 grammes essence de marasquin,
2 litres kirch.

Rossolio (couleur rose).

8 grammes d'extrait de vanille,
20 gouttes d'extrait de rose,
1|2 kilogramme fleur d'orange.

Curaçao de Hollande.

(*Voyez couleur pour le Curaçao*).

16 grammes essence de curaçao,
12 gouttes essence de canelle de Ceylan,
Le jus et la râpure de dix oranges.

Citronnelle (couleur jaune).

16 grammes essence de citron.

Huile d'ananas.

1 kilog. d'ananas râpés, après huit jours on les presse.

Eau d'argent.

8 grammes essence de cédrat,
8 gouttes essence de rose.
Après avoir filtré, on met une feuille d'argent, coupée en petits morceaux, par chaque bouteille.

Eau d'or.

12 gouttes essence de canelle,
20 gouttes essence de macis,
8 grammes essence de citron. On colore jaune paille et on y ajoute une feuille d'or comme ci-dessus.

Crême des nymphes.

48 gouttes essence de canelle de Ceylan,
24 gouttes essence de muscade,
8 gouttes essence de rose.

Huile cinnamonum (couleur jaune paille).

4 gouttes essence de canelle de Ceylan.

Rose blanche.

20 gouttes essence de rose,
12 gouttes teinture de musc.

Ruga.

500 grammes de rhus; infusez huit jours dans de l'esprit de vin.

Eau de chasseur (couleur verte).

72 gouttes essence de menthe,
24   id   essence de muscade.

Baume humain.

6 gouttes essence de rose,
16 *id.* *id.* de canelle,
18 *id.* *id.* de cédrat,
16 *id.* *id.* de macis.

Huile de la Martinique (*couleur jaune*).

8 grammes essence de vanille,
16 gouttes *id.* de canelle,
  id. *id.* de néroli.

Cannelin de Corfou (*couleur jaune*).

4 grammes essence de canelle de Ceylan.

Huile de rhum.

On remplace l'esprit de vin par le rhum, en proportion de son degré.

Alkermès de Florence (*couleur rose*).

8 grammes vanille,
  id. cardamomum,
  id. noix muscade,

Après cinq jours d'infusion, on presse et on y ajoute 10 gouttes essence de rose.

Garofolino (*couleur rose*).

4 grammes essence de girofle.

Crême de Portugal (*couleur jaune*).

16 grammes essence de Portugal.

Crême de jasmin.

16 grammes essence de jasmin en pure nature.

Crême de fleur d'orange.

1 kilogramme d'eau de fleur d'orange triple.

Crême de rose *(couleur rose)*.

20 gouttes essence de rose.

Crême de cédrat *(couleur jaune)*.

16 grammes essences de cédrat.

Huile de girofle *(couleur rose)*.

4 grammes essence de girofle.

Eau des belles femmes *(couleur rose)*.

8 grammes essence de vanille,
16 gouttes essence de néroli,
4 gouttes essence de rose.

Elixir de néroli.

Infusez 16 grammes de myrrhe pendant 8 jours dans de l'esprit de vin ; y ajouter ensuite 48 gouttes essence de néroli.

Huile de thé.

12 grammes de thé vert ; infusez pendant huit jours dans de l'esprit de vin.

Eau de noix.

200 noix vertes pilées (qu'elles soient cueillies un peu avant la Saint-Jean, afin que le bois ne soit pas formé),
62 grammes clous de girofle,
100 grammes canelle.

Infuser le tout pendant trois semaines, pressez et procédez comme pour les autres liqueurs.

Parfait amour *(couleur rose)*.

72 gouttes essence de girofle,
24 gouttes essence de macis,
8 gouttes essence de citron.

Coquette flatteuse.

12 gouttes essence de rose,
24 gouttes teinture de musc,
15 gouttes essence de canelle.

Ratafia de Grenoble.

Prenez dix kilog. cerises noires pilées, faites-les fermenter quatre jours, ajoutez l'esprit décrit ci-dessus,
12 grammes canelle,
8 grammes noix muscades râpées.
On laisse infuser le tout pendant huit jours, on tire au clair, on y ajoute le sirop, et on filtre.

Ratafia de coins.

4 kilogrammes de coins, infusez pendant huit jours dans de l'esprit de vin.

Ratafia de fraises.

Le Jus de 5 kilogrammes de fraises.

Ratafia de framboises.

Le jus de 5 kilogrammes de framboises.

Huile cordiale.

16 gouttes essences de canelle de Ceylan,
12 gouttes essence de girofle,
12 gouttes essence noix muscades,
50 gouttes essence de menthe.

Rossolio de Breslau.

8 grammes vanille,
8 gouttes essence de rose,
12 gouttes essence de néroli,
Le jus de dix oranges,
62 grammes capillaires. Faites bouillir avec la portion de sirop
qui y est destinée, pendant 5 à 6 minutes.

Huile de myrrhe.

62 grammes myrrhe pilée; infusez huit jours dans de l'esprit
de vin.

Huile de violette.

120 grammes fleurs de violette sèches, les faire bouillir 5 à 6
minutes avec le sirop.

Huile de kirch-Wasser.

On remplace l'esprit par le kirch et on met de l'eau en proportion
du degré.

Fabrique de liqueurs par distillation.

Nota. Les alambics ou chaudières propres à la distillation des
liqueurs doivent être au bain-marie. Les tuyaux de serpentin et le
bain-marie doivent être en étain afin de faire plus doux et moins
empyreumatique.

RÈGLE GÉNÉRALE POUR VINGT BOUTEILLES.

Prenez deux litres esprit de vin et les arômates qu'on trouve dans
les recettes suivantes et cinq ou six litres d'eau afin que la distillation
soit plus douce, ayant soin de supprimer ce qui vient le premier et le
dernier, c'est-à-dire sur deux litres d'esprit de vin n'en retirer qu'un
litre et demi, afin que la distillation soit dépourvue de tous flegmes.

Anisette de Bordeaux ordinaire (1).

500 grammes anis vert,
62 grammes coriandre,
52 grammes canelle de Ceylan.
Concasser le tout et infuser.

Curaçao de Hollande ordinaire.

V. couleur pour le curaçao.

1 kilogramme écorce de curaçao,
62 grammes canelle de Ceylan,
Infusez pendant cinq jours et procédez à la distillation.

Elixir de garus (couleur jaune).

16 grammes aloès succotin,
16 grammes myrrhe,
16 grammes noix muscades,
16 grammes clous de girofle,
54 grammes canelle de Ceylan,
Concassez le tout et distillez.

Eau-de-vie de Dantzick.

250 grammes cacao torréfié comme du café,
54 grammes macis,
Les zestes de huit citrons.
Après avoir filtré, on y ajoute, par chaque litre, une feuille d'or coupée en petits morceaux.

Eau de paradis.

250 grammes de cacao torréfié,
128 grammes cardamomum,
62 grammes canelle de Ceylan.

---

(1) Observer que toutes ces recettes sont pour vingt bouteilles.

Eau divine.

62 grammes canelle de Ceylan.
250 grammes cacao torréfié,
8 grammes myrrhe.

Huile de Vénus.

62 grammes cardamomum,
62 grammes d'ambrette,
62 grammes canelle de Ceylan,
16 grammes macis,
Le jus de dix oranges.

Lait des vieilles.

560 grammes cacao torréfié,
62 grammes canelle,
62 grammes semence de carotte.

Mirabolenti.

250 grammes de mirabolenti,
120 grammes cardamomum.

Verdolino de Turin *(couleur verte)*.

52 grammes myrrhe,
62 grammes canelle de Ceylan,
16 grammes cardamomum.

Crème de moka.

500 grammes café torréfié et concassé.

Anisette de la Martinique.

500 grammes anis vert,
128 grammes badiane (anis étoilé),
52 grammes canelle.

Eau romaine.

52 grammes noix muscades,
62 grammes canelle de Ceylan,
62 grammes calamus aromatique,
10 grammes macis.

Creme de cacao.

250 grammes de cacao, grillé et concassé,

Crème d'angélique.

128 grammes racine d'angélique nouvelle.

Crème de noyaux.

750 grammes noyaux d'abricots,
250 grammes noyaux de pêches,
8 grammes canelle de Ceylan.
Il faut les casser et les faire infuser avec le bois pendant vingt jours, et distiller ensuite.

Curaçao (autre).

Les zestes de six belles oranges amères,
Les zestes de huit beaux citrons,
62 grammes canelle,
8 grammes anis vert,
8 grammes de girofle.
Infusez pendant trois jours et distillez.

Crème d'absinthe.

560 grammes herbe d'absinthe,
120 grammes anis vert. Les piler et les distiller.

Crème impériale.

62 grammes canelle de Ceylan,
62 grammes semence de carotte,

120 grammes semence d'angélique,
128 grammes iris en poudre. Concassez et infusez pendant trois
jours et distillez.

Crème royale.

120 grammes de carvi,
62 grammes canelle,
62 grammes clous de girofle,
8 grammes myrrhe.

Scubac d'Irlande (couleur jaune très-foncé).

186 grammes fenouil de Florence,
128 grammes canelle de Ceylan,
16 grammes noix muscades.

Vespetro.

128 grammes graine d'angélique,
62 grammes canelle de Ceylan,
16 grammes macis,
8 grammes coriandre,
Les zestes de trois citrons et trois oranges.
Distillez le tout.

Eau de Malte.

62 grammes canelle,
16 grammes macis,
8 grammes castoréum,

Huile de cèleri.

186 grammes semences de cèleri.

Huile d'anis des Indes.

186 grammes badiane ou anis étoilé,
62 grammes canelle.

Eau-de-vie d'Andaye.

128 grammes anis vert,
128 grammes graine d'angélique,
62 grammes canelle,
62 grammes genièvre en grain.

On ne met que le quart du sucre de ce qui est prescrit à la règle générale.

Eau cordiale.

128 grammes cardamome,
62 grammes canelle,
8 grammes girofle,
16 grammes myrrhe. — Distillez.

Cédrat de la côte Saint-André.

Les zestes de vingt beaux cédrats.
Distillez ensuite.

Eau de la côte Saint-André.

Les zestes de vingt oranges,
1 kilo amandes de pêche,
62 grammes canelle de Ceylan.

Huile de Jupiter.

128 grammes canelle,
128 grammes fenouil,
62 grammes cacao torréfié,
62 grammes iris de Florence en poudre.

Champ d'asile.

128 grammes semence d'ambrette,
128 grammes semence de carvi.
62 grammes de canelle.

Parfait amour (*couleur rouge.*).

Alcool, 6 litres.
100 grammes zestes de cédrat,
48 grammes zestes de citrons,
6 grammes girofle.
On fait infuser pendant cinq jours et on distille au bain-marie.

Huile de rose commune.

8 litres esprit,
2 litres eau de rose triple,
8 litres eau pure,
6 kilogrammes sucre bourbon. (Produit vingt-cinq bouteilles.)

Huile de jeunes mariés (*couleur jaune*).

62 grammes anis vert,
62 grammes de fenouil,
51 grammes moldavique,
51 grammes semence d'aneth,
51 grammes semence de carvi,
51 grammes semence de cumin,
6 litres alcool.
Infuser pendant dix jours, et on distille au bain-marie.

Cassis.

6 litres d'alcool,
4 kilogrammes cassis égrappé,
12 grammes cachou,
10 gr. fleur d'œillets,
5 gr. anis étoilé.
Infuser pendant trois semaines dans l'alcool ; on tire l'alcool au
clair et on presse les grains ; on mêle le jus à l'alcool et on y ajoute le
sucre nécessaire selon la qualité que l'on veut faire. On remplace l'eau
par le vin blanc ou le vin rouge s'il n'est pas trop foncé. On peut

allonger avec du vin, et même j'engage d'ajouter sur deux parties de jus, trois de vin blanc.

Eau de noix.

Prenez cent belles noix vertes avant que le bois ne soit tout-à-fait formé (bien les piler.)
62 grammes clous de girofle
120 grammes canelle.
Concassez et infusez pendant un mois au moins. On tire au clair, on presse et on y ajoute le sirop nécessaire.

Brou de noix.

Prenez l'écorce extérieure de deux cents belles noix mûres et fraiche-ment cueillies; mettez-les dans un vase, infusez avec 6 litres d'esprit et un litre 1/2 d'eau; ajoutez canelle, girofle, macis, 16 grammes de chaque espèce et les zestes de 4 citrons; exposez le tout pendant trois semaines ou un mois; au bout de ce temps, ajoutez le sucre et l'eau nécessaires et laissez reposer encore pendant un mois à la chaleur du soleil, et filtrez.

Extrait d'absinthe (*bonne recette*).

Les distillateurs de Genève, Bâle, Zurich, Neuchâtel, Berne, et Lausanne font un commerce considérable d'extrait d'absinthe, composé de la manière suivante :

2 kilogrammes sommités d'absinthe majeure,
1 kilogramme sommités d'absinthe mineure,
122 grammes racine d'angélique,
122 grammes calamus aromaticus,
64 grammes semence d'anis étoilé,
54 grammes feuilles de dictame de crête,
12 litres alcool à 86 degrés.

Infuser pendant huit jours et on distille à un feu doux pour en retirer neuf litres auxquels on ajoute huit grammes essence d'anis vert, et on colore olive.

Liqueur hygiénique de dessert, d'après F. V. Raspail.

Curaçao, ou liqueur d'écorce d'orange.

Prenez 650 grammes écorce de curaçao, infusez dans 7 litres d'eau-de-vie ordinaire, pendant quinze jours au soleil, dans un vase bien bouché, ayant soin de l'agiter chaque jour ; ce terme passé, faites fondre votre sucre sur un feu doux ; laissez-le bien cuire et mélangez le tout en y ajoutant quelques gouttes d'essence d'écorce d'orange, et filtrez.

Liqueur de fleur d'orange,
Par le même.

Eau-de-vie à 24 degrés de Cartier, 7 litres,
1 kilogramme 750 grammes fleur d'orange,
Le sucre et l'eau nécessaires.

Fabrique de Bordeaux.

Huile de rhum.

6 litres de bon rhum à 22 degrés (correspondant à 60 degrés centésimaux),
2 grammes de macis,
228 grammes d'eau de fleur d'orange,
3 litres d'eau de rivière.

Vous distillez votre rhum et le macis pour en retirer quatre litres. Vous faites fondre votre sucre dans vos trois litres d'eau et vous laissez prendre un bouillon. Lorsque votre sucre est refroidi, vous y ajoutez l'eau de fleur d'orange et vos quatre litres esprit de rhum ; vous mêlez bien le tout, et vous filtrez après avoir donné une couleur de vieux rhum.

Véritable marasquin,
Suivant Valentin Sciécoste, distillateur à Zara.

4 litres de bon kirch,
4 litres de vin blanc clairet,

6

Un demi-litre de vin blanc muscat,
4 litres d'eau-de-vie à 60 degrés,
Un demi-litre d'esprit de framboises,
128 grammes d'amandes douces pilées,
128 grammes d'eau de jasmin,
Un cédrat pilé,
8 grammes cardamome pilé.

Distillez le tout au bain-marie avec un fort filet ; pour la première fois retirez six litres ; vous corroborez de nouveau votre distillation pour en obtenir cinq litres.

Vous distillerez de l'eau séparément pour en obtenir trois et demi dans laquelle vous ferez fondre 2 kilog. 500 gr. de beau sucre ; quand il sera refroidi, vous y ajouterez le produit de vos distillations, et vous filtrerez ayant soin d'éviter l'évaporation (très bonne recette).

Eau-de-vie de Dantzick,

D'après un distillateur de cette ville.

52 grammes canelle de Ceylan,
Les zestes de quatre citrons,
52 grammes orvale (plante odoriférante),
64 grammes carvi et 4 grammes coriandre.

Vous pilerez tous ces ingrédients ; vous les laisserez infuser pendant douze jours ; ensuite vous distillerez au bain-marie vos infusions avec 6 litres d'esprit de vin pour en retirer 5 litres, et lorsque votre sirop sera mélangé et filtré, vous y ajouterez, par bouteille, une feuille d'or coupée en petits morceaux.

Crocq des Carmes.

8 litres d'eau-de-vie à 22 degrés (60 degrés centésimaux),
500 grammes d'amandes amères coupées par petits morceaux,
24 grammes de graines d'angélique,
64 grammes de coriandre concassée,
64 grammes de canelle fine (Ceylan),
62 grammes de noix muscades,
12 grammes de cardamum épluché.

Vous faites infuser pendant vingt-quatre heures dans les huit litres d'eau-de-vie ; vous distillez ensuite vos infusions pour en retirer cinq litres ; vous ferez votre mélange de sirop ; puis vous ajoutez 62 grammes d'esprit de jasmin et un quart de litre fleur d'orange double. Filtrez.

Guignolet d'Angers.

10 litres suc de mérises,
8 litres d'eau-de-vie à 60 degrés centésimaux,
8 grammes canelle de Ceylan,
4 grammes de girofle,
556 grammes feuille de cerisier.

Vous supprimez les queues d'une certaine quantité de mérises, vous ôtez les noyaux que vous concassez, et vous réunissez le tout dans une bassine, sur un feu modéré, en remuant avec une spatule ; après un bouillon, vous ajoutez le tout dans une terrine ; lorsque c'est refroidi, vous le pressez pour avoir dix litres de jus dans lequel vous faites fondre 2 kilog. 500 grammes de sucre, vous versez ce mélange dans un petit tonneau ou une cruche ; vous distillez la canelle, la girofle et les feuilles de cerisier dans 15 litres d'eau-de-vie pour en retirer 3 litres (1), que vous ajoutez à votre jus, et après quelques jours de repos, vous filtrez la liqueur.

Vespetro.

52 gr. d'anis vert,
64 grammes de fenouil,
52 grammes de coriandre,
16 grammes de semence de céleri,
52 grammes de semence de carvi,
Les zestes de quatre oranges et ceux de quatre citrons.
Infusez dans huit litres d'esprit pendant huit jours.

---

(1) Vous pouvez tirer le reste de votre distillation qui sert pour vos liqueurs ordinaires.

Persicot de Turin.

2 kilog. 500 grammes d'amandes amères (pilez les amandes sans
les monder).
16 grammes de macis,
16 gr. de canelle,
Les zestes de cinq oranges.

Infuser dans douze litres d'esprit pendant trois jours.

Parfait amour.

128 grammes de zestes d'oranges,
250 grammes de zestes de citrons,
4 grammes de girofle,
8 litres d'esprit, et distillez.

NOTA. Avant de filtrer, ajoutez un litre d'eau de rose et 30 grammes
d'esprit de vanille.

Crème de vanille (couleur rose violet).

52 grammes de vanille en gousse,
1 gramme d'ambre.

Vous pilez une petite quantité de sucre dans un mortier avec la
vanille et l'ambre, et vous faites bouillir un kilog. de sucre que vous
jetez dessus, dans une cruche que vous couvrez aussitôt. Lorsque le
sucre est refroidi y ajouter 8 litres esprit et le laisser infuser dix jours.
Au bout de ce temps y mettre le sirop nécessaire à la qualité que vous
voulez faire, et filtrer.

Huile de Vénus.

96 grammes de carvi,
96 grammes de chervis,
96 grammes d'anis vert,
24 gr. de macis,
Les zestes de trois oranges,
8 litres d'esprit.

Infuser les ingrédients ci-dessus pendant cinq jours, et, avant de filtrer, y ajouter 32 grammes d'esprit de vanille.

Alkermès de Florence.

8 gr. de vanille,
8 grammes de cardamum,
8 grammes de noix muscades,
16 grammes de canelle de Ceylan.

Infusez pendant trois jours dans 6 litres d'esprit, pressez ; et, avant de filtrer, ajoutez un demi-litre d'eau de rose.

Crème de Moka.

1 kilog. 500 grammes café moka torréfié jusqu'à la couleur canelle
  et pilé grossièrement,
16 grammes macis, et les zestes de six oranges.

Infusez dans douze litres esprit pendant huit jours ; distillez, et, avant de filtrer, ajoutez 20 grammes esprit de vanille.

NOTA. Pour que la crème de moka soit colorée, il faut réserver une partie de l'infusion pour ajouter au mélange et finir de colorer.

Crème de Menthe.

1 kilog. menthe frisée, sèche ou verte,
4 grammes essence de menthe,
Les zestes de six citrons,

Distillez dans 8 litres esprit, moins l'essence de menthe qu'on ajoute au produit de la distillation.

Eau de Chasseur.

500 grammes menthe frisée, récente ou sèche,
48 grammes graine de carvi,
120 gr. de coriandre,
32 grammes noix muscades,
4 grammes essence de menthe,
8 litres esprit. (Même opération que pour la crème de menthe.)

Rossolio (*couleur rouge foncé*).

12 grammes canelle concassée,
4 grammes de girofle concassée,
5 litres d'esprit.

Distillez, et, avant de filtrer, ajoutez :

1|2 litre eau de rose triple,
1|4 de litre fleur d'orange,
16 grammes esprit de jasmin,
16 grammes esprit de vanille,

Elixir de Garus.

8 grammes aloès succotin,
8 grammes myrrhe,
8 grammes noix muscades,
8 grammes clous de girofle,
8 grammes canelle de Ceylan.

Infusez le tout concassé dans 8 litres esprit pendant douze jours ; distillez ; avant de filtrer ajoutez 1|4 de litre eau de fleur d'orange, une infusion de 16 grammes de capillaires et 16 grammes de safran, dans un litre d'eau bouillante, afin de donner un peu le goût de safran.

Scubac d'Irlande (*couleur jaune foncé*).

2 grammes macis (au filet d'infusion),
Les zestes de quatre oranges,
Les zestes de deux citrons,
8 litres d'esprit. Après quinze jours d'infusion, distillez.

Huile de rhum.

Les zestes de six citrons,
2 grammes macis,
12 litres de rhum à 60 degrés centésimaux.

Ajoutez, avant de filtrer, deux litres vieux rhum.

Eau-de-vie d'Andaye.

62 grammes anis étoilé, concassé,
96 gr. coriandre ;
120 grammes iris en poudre,
Les zestes de six oranges,
12 litres eau-de-vie à 60 degrés.

Distillez pour en retirer huit litres et procédez toujours suivant la
qualité.

Crème d'absinthe.

500 grammes grande absinthe,
250 grammes petite absinthe,
120 grammes feuille de menthe,
96 grammes feuille d'hyssope.

Infusez pendant huit jours dans 12 litres esprit, et distiller.

Crème de Kirch-Wasser.

6 litres bon kirch,
2 litres esprit sans distillation ; ajoutez au mélange,
1|2 litre fleur d'orange,
16 grammes extrait de jasmin.

Crème de cachou.

500 grammes cachou pilé,
8 litres d'esprit.

Infuser pendant dix jours ; ajoutez, avant de filtrer, un demi-litre
de fleur d'orange, 16 grammes esprit de vanille.

Crème de jasmin.

52 grammes de noix muscades,
Les zestes de quatre oranges,
10 litres esprit, et distiller avant de filtrer.

Ajoutez une quantité suffisante d'extrait de jasmin.

Eau d'or (couleur jaune paille.

20 grammes macis,
16 gr. de canelle,
52 gr. de coriandre,
584 grammes de zestes de citrons,
8 litres d'esprit.

Distillez avant de filtrer ; ajoutez un litre de fleur d'orange ; mettez dans chaque bouteille une feuille d'or coupée en petits morceaux.

Eau-de-vie de Dantzick.

62 grammes canelle fine,
62 grammes orvale (plante odoriférante),
128 grammes de carvi,
62 grammes de coriandre,
2 grammes ambrette,
2 grammes de macis,
2 grammes de girofle,
Les zestes de dix citrons,
10 litres d'esprit.

Concasser les ingrédients et distiller ; ajouter à chaque litre de liqueur une feuille d'or.

Eau d'argent.

Même composition que pour l'eau-de-vie de Dantzick ci-dessus pour la distillation, et ajoutez avant de filtrer un quart de litre d'esprit d'angélique, un quart d'eau de fleur d'orange, un quart d'eau de rose et une feuille d'argent par chaque bouteille.

Alksir d'angélique (couleur verte).

756 grammes tige et feuille d'angélique fraîche,
160 grammes graine d'angélique,
128 grammes de coriandre,
4 grammes semence d'ambrette,

4 grammes semence d'aneth,
Les zestes de 7 citrons.
12 litres esprit.

Nota. Piler les tiges d'angélique et concasser les graines.

Crème de fleur d'orange.

12 litres d'esprit, 4 litres eau de fleur d'orange.

Croq des Carmes (autre).

756 grammes amandes amères,
52 grammes d'angélique,
96 grammes de coriandre,
8 grammes noix muscades,
16 grammes cardamum,
8 litres d'esprit.

Infusez 48 heures et distillez ; avant de filtrer, ajoutez 52 grammes d'esprit de jasmin et un demi-litre fleur d'orange.

Crème de citrons.

Les zestes de seize citrons,
62 grammes de canelle,
12 litres esprit de vin. Distillez.

Crème d'oranges.

Les zestes de seize oranges,
16 grammes de noix muscades,
64 grammes de chervis,
52 grammes graine d'ambrette. Distillez.

Crème des barbades.

584 grammes anis-étoilé,
48 grammes graine d'aneth,
48 grammes de noix muscades,
Les zestes de quatre citrons,

Les zestes de quatre oranges,
64 grammes canelle de Ceylan,
21 litres esprit à 55 degrés.

Crème de cacao.

1 kilog. cacao torréfié comme le café.
64 grammes canelle. Distillez.
1|4 de litre, infusion de vanille.

Crème d'œillets.

128 grammes de girofle,
192 grammes anis étoilé,
52 grammes de macis,
64 grammes baume du Pérou en larmes,
64 grammes canelle,
12 litres esprit.
Distillez, et ajoutez, avant de filtrer, un litre d'eau de rose.

Grande-Chartreuse.

1 kilo baies de genièvre,
30 grammes écorce de curaçao,
20 grammes camomille,
20 grammes romarin,
20 grammes marjolaine en fleur,
15 grammes semence d'angélique,
10 grammes canelle de Ceylan,
5 grammes de girofle,
10 grammes ambrette,
6 litres esprit. — Distillez au bain-marie.

DESSIN ET TYPE DE L'ÉTIQUETTE. — Une montagne, au bas une abbaye, un voyageur et des frères chartreux. Au bas de l'étiquette est écrit : *Cette liqueur, composée de plantes hygiéniques herborisées sur la montagne de la Grande-Chartreuse, située au bas des Alpes, est très-digestive et stomachique.*

Ratafia de Grenoble.

15 kilog. cerises noires sauvages,
750 grammes fraises,
1 kilogramme framboises,
25 litres eau-de-vie,
2 litres esprit.

Écraser et faire bouillir les cerises, les presser afin d'en exprimer le jus, et les mettre avec l'eau-de-vie. Infuser pendant un mois.

Gignolet d'Angers.

12 grammes canelle de Ceylan,
6 grammes de girofle,
500 grammes feuille de cerises,
8 litres esprit, et distillez.

Ajoutez au produit de la distillation 15 litres jus de guindoux ou mérises; puis, mettez votre sirop et procédez de la manière suivante:

Supprimez les queues d'une certaine quantité de cerises, ôtez les noyaux pour les concasser, et réunissez le tout dans une bassine, sur un feu modéré, en remuant avec une spatule; après un bouillon, jetez le tout dans une terrine jusqu'à ce que ce soit refroidi; pressez pour en obtenir le jus que vous ajoutez au produit de la distillation; mettre le tout dans un tonneau, et filtrer au bout de quinze jours.

Maraschino du Zara.

15 kilogrammes de guignes,
15 kilogrammes cerises noires (ôtez les queues),
7 kilogrammes 500 grammes groseilles,
12 kilogrammes 500 grammes framboises,
7 kilogrammes 500 grammes fraises,
1 kilogramme 500 grammes fleur d'orange,
1 kilogramme 500 grammes feuilles de cerisier,
5 kilogrammes feuilles de pêchers,
50 litres d'esprit,

20 litres bon vin blanc ou rouge ordinaire.

Infuser un mois et distiller pour retirer 54 litres esprit à 72 degrés centésimaux.

Goutte de Malte.

32 grammes graine d'angélique,
32 grammes de girofle,
Les zestes de douze citrons,
Les zestes de douze oranges ;
18 litres d'esprit.

Ajouter au produit de la distillation deux litres vin blanc et deux litres rhum.

China-China, élixir vital (couleur jaune foncé).

120 grammes riobarde en poudre.
62 grammes aloès succotin,
250 grammes feuilles de mélisses sèches,
500 grammes écorce d'oranges sèches,
62 grammes de noix muscades,
32 grammes clous de girofle,
32 grammes racines d'angélique.

Distiller et ajouter au produit un litre d'esprit de canelle.

Huile de rose.

5 litres eau de rose double, 10 litres esprit.

Véritable curaçao de Hollande.

2 kilog. écorce de curaçao de Hollande, en rubans de Provence,
32 grammes de macis,
Les zestes de dix citrons,
24 litres d'esprit.

Jetez 8 litres d'eau bouillante sur les écorces afin de les détremper, et le lendemain, ajoutez vos 24 litres d'esprit ; infusez pendant vingt jours et distillez.

Nota. Le sucre doit être cuit à 32 ou 33 degrés, afin que la liqueur mélangée pèse 22 degrés de sirop.

Anisette surfine (*bonne recette*).

750 grammes anis vert,
120 grammes de fenouil,
120 grammes de coriandre,
4 grammes semence d'aneth,
4 grammes semence d'ambrette,
12 litres d'esprit.

Retirer 9 litres pour la surfine et 3 litres pour l'ordinaire ; le reste en flegme. Ajoutez au mélange, 16 gr. iris de Florence, et, au moment de filtrer, un peu de poudre d'amandes douces, afin que lorsque l'on verse de l'eau dedans elle devienne blanche comme du lait.

Crème de noyaux.

2 kilogrammes amandes de pêches et de cerises,
8 litres d'esprit.

Monder les noyaux, faire infuser pendant quinze jours et distiller. Ajoutez au mélange un litre d'eau de fleur d'orange.

Crème de Cachou.

250 grammes cachou en poudre,
4 grammes de vanille,
8 litres d'esprit.

Infuser pendant huit jours et distiller. Ajoutez au produit de la distillation un demi-litre d'eau de fleur d'orange, et filtrez.

Eau des amis.

14 gouttes d'essence de bergamotte,
24 gouttes d'essence de cédrat,
On fait macérer dans 7 litres d'eau distillée pendant quatre jours.
250 grammes de figues,
250 grammes de raisins. On presse et on procède au mélange.

Noyau de Phalsbourg.

750 noyaux d'abricots,
250 grammes noyaux de pêches,
250 grammes noyaux de prunes,
10 litres d'alcool.

Infusez trois semaines et concassez les amandes. On y ajoute, avant de filtrer, un litre d'eau de fleur d'orange.

Crême de pucelle.

250 grammes fleur d'orange,
185 roses muscades.

On distille au bain-marie; après on ajoute 62 gr. alcool de réséda.

Huile d'amour (*couleur violette*).

52 grammes semences fleuries de romarin,
64 grammes semences de moldavique,
62 grammes sommités de mélisses,
62 grammes sommités de citronnelle,
6 litres d'alcool.

Infuser pendant trois semaines et distiller au bain-marie.

L'ami de la santé.

64 grammes graines d'angélique,
185 grammes amandes amères,
62 grammes tiges d'angélique.

Concasser le tout et infuser pendant quinze jours dans six litres d'alcool.

Nectar des dieux.

125 grammes de miel blanc,
62 grammes de coriandre,
54 grammes d'écorce fraîche de citrons,
8 grammes de girofle,
16 grammes de storax,

16 grammes de benjoin,

6 litres d'alcool.

Concasser le tout, infuser pendant quinze jours et distiller au bain-marie ; ajoutez 2 grammes teinture de vanille et un quart de litre de fleur d'orange.

Anisette de Bordeaux.

125 grammes anis vert,

250 grammes badiane (anis vert),

62 grammes fenouil,

62 grammes thé vert,

16 grammes ambrette,

62 grammes bois de sassafras râpé,

62 grammes de coriandre,

8 litres d'alcool.

Concassez et infusez au bain-marie. On distille et on ajoute au mélange un litre d'eau de fleur d'orange.

Crême de créole (couleur rose).

54 grammes semence d'ambrette,

15 noix d'acajou,

48 grammes bois de sassafras râpé,

4 grammes de girofle,

54 grammes sommités de grande absinthe,

Les zestes de quinze citrons,

6 litres d'alcool.

Infusez pendant quinze jours et distillez au bain-marie.

Extrait d'absinthe Suisse (on colore olive).

500 grammes absinthe,

500 grammes petite absinthe,

500 grammes anis vert,

500 grammes de fenouil,

62 grammes badiane,

120 grammes mélisse,
120 grammes hyssope,
500 grammes de coriandre,
500 grammes des quatre fleurs,
62 grammes calamus,
120 grammes citronnelle,
16 litres 1/2 esprit à 55 degrés centésimaux,
10 litres d'eau simple.

Après quinze jours d'infusion, on distille au bain-marie.

Aimable vainqueur.

16 grammes essence de citrons,
16 grammes essence de cédrats,
16 grammes essence de néroli,
48 grammes tige d'angélique,
4 grammes teinture de vanille,

On procède au mélange, et on filtre.

China-China, élixir vital (jaune avec du safran).

500 grammes amandes amères,
62 grammes semence d'angélique,
4 grammes macis,
6 litres alcool.

Infusez le tout pendant quinze jours et distillez au bain-marie.
1 litre d'eau de fleur d'orange.

Ajoutez au mélange, 10 gouttes essence de canelle.

Plaisir des dames.

250 grammes amandes amères concassées,
62 grammes graine d'angélique,
16 grammes canelle de Ceylan,
16 grammes coriandre,
6 litres d'alcool.

Infusez pendant huit jours, et concassez le tout.

Gaieté nationale.

16 grammes canelle de Ceylan,
Les zestes de six oranges,
Les zestes de six citrons,
250 grammes cardamome,
16 grammes de girofle,
6 litres alcool.

Concassez et infusez le tout pendant quinze jours. On distille au bain-marie.

Eau des abbés.

250 grammes de zestes de citrons,
125 grammes de zestes d'oranges,
96 grammes de genièvre,
64 grammes de menthe,
62 grammes de sauge,
96 grammes d'anis vert,
6 litres d'alcool. — Distillez le tout.

Elixir vital.

16 grammes de canelle,
16 grammes de girofle,
8 grammes de noix muscades,
92 grammes de coriandre,
188 zestes d'oranges,
6 litres d'alcool.

Infusez pendant huit jours et distillez. Ajoutez 4 grammes essence de menthe.

Elixir stomachique.

52 grammes anis vert,
52 grammes iris de Florence,
32 grammes galanga,
32 grammes de canelle,

7

16 grammes fleur de lavande,
16 grammes feuille de romarin,
8 grammes de macis,
8 grammes de noix muscades,
8 grammes de cardamome,
6 litres d'alcool.

Infusez pendant huit jours et distillez.

Eau de Napoléon (couleur bleue).

80 grammes zestes de citrons,
16 grammes clous de girofle,
60 grammes fleur de jasmin,
16 grammes de noix muscades,
16 grammes de canelle,
6 litres d'alcool.

Infusez et distillez au bain-marie.

Elixir de Raspail. Liqueur hygiénique de dessert

(couleur olive claire avec du safran).

560 grammes sommités et racines d'angélique,
50 grammes calamus aromaticus,
25 grammes de myrrhe,
25 grammes canelle de Ceylan,
12 grammes aloès,
24 grammes de girofle,
24 grammes de vanille,
5 grammes de noix muscades,
6 litres esprit ou eau-de-vie, pour arriver à vingt bouteilles.

Infusez pendant quinze jours. Cette liqueur doit peser au pèse sirop 13 à 14 degrés.

Véritable scubac d'Irlande (couleur jaune foncé).

Les zestes de quatre citrons,
8 grammes graine d'angélique,

8 grammes de coriandre,
8 grammes anis vert,
16 grammes de canelle,
4 grammes de macis,
4 grammes de girofle.

Concassez et infusez dans 7 litres esprit pendant cinq jours et distillez au bain-marie. On fait cuire dans l'eau 125 grammes jujubes, 125 grammes dattes et 125 grammes raisins de Malaga ; après les avoir mondés de leurs noyaux et pépins, passez-les, en exprimant le marc, et mêlez le jus au produit de la distillation ; ajoutez 24 gouttes essence de néroli et laissez reposer le tout pendant quinze jours avant de filtrer.

Larmes des veuves du Malabar *(couleur jaune foncé)*.

40 grammes canelle concassée,
8 grammes de girofle,
8 grammes de macis,
Esprit 3|6, 6 litres, et distillez.

Zinzibert *(jaune des arabes, couleur de curaçao un peu moins foncé)*.

310 grammes zestes verts de citrons,
185 grammes zestes verts de cumin,
125 grammes de canelle,
250 grammes écorce de curaçao,
31 grammes de noix muscades,
48 grammes girofle,
62 grammes galanga, 62 grammes thym,
22 litres alcool, et distillez. Ajoutez deux litres d'eau de fleur d'orange.

Bouquet de la mariée *(couleur rouge)*.

125 grammes de canelle,
62 grammes galanga,
48 grammes de girofle,

51 grammes de noix muscades,
51 grammes zestes d'orange,
51 grammes zestes de citron,
25 grammes gingembre,
16 grammes cubèbe,
12 litres alcool, et distillez.

Aimable bretonne (couleur rose).

Esprit 3|6, 6 litres,
Esprit ou eau de rose distillée en quantité suffisante.

Eau nuptiale (couleur jaune).

185 grammes semence de persil,
155 grammes semence de carotte,
62 grammes semence d'anis,
62 grammes iris de Florence,
48 grammes macis,
22 litres esprit.

Distillez, et ajoutez après 2 litres d'eau de rose.

NOTA Je ne donnerai point ici la manière de faire les alcoolat ou infusion de différents ingrédients pour saturer les liqueurs. Ces infusions se font en petite quantité comme si on voulait les préparer à la distillation, et au bout d'un certain temps, on s'en sert pour en saturer les liqueurs, selon le goût du fabricant.

TEINTURES COLORANTES.

Couleur rose.

Versez sur 51 grammes de cochenille et 8 grammes d'alun réduit en poudre 1|4 de litre d'eau bouillante ; facilitez la solution en remuant avec un pilon de verre ; exposez la couleur à la chaleur, dans un vase de verre ou de terre, au bain-marie, pendant 3 heures, et filtrez. Vous mettez un peu d'alcool afin de la conserver.

Couleur rouge.

Les deux meilleures couleurs sont : du bois du Brésil ou des boules d'orseilles infusés dans de l'esprit de vin.

Couleur jaune.

54 grammes de safran du Gatinais; versez dessus un quart de litre d'eau bouillante, et laissez-le infuser pendant cinq jours; vous y ajoutez un litre d'esprit de vin.

Couleur verte.

On colore la liqueur d'un beau bleu-de-ciel et on y ajoute de la couleur jaune.

Le vert le plus solide s'obtient en infusant des feuilles d'orties poussées vigoureusement dans de l'esprit de vin, pour un vert vif; les feuilles de trèfle pour la couleur feuille morte.

Les verts obtenus au moyen de l'indigo ne sont pas solides; ils passent à l'air.

Couleur bleue.

16 grammes d'indigo en poudre très fine,
62 grammes d'acide sulfurique.

Facilitez la solution à l'aide d'une douce chaleur, et ajoutez 185 grammes d'eau.

Couleur olive.

On colore d'un beau bleu-de-ciel et l'on y ajoute de la couleur pour l'eau de-vie.

Couleur violette.

On colore la liqueur couleur rose pâle et l'on y ajoute de la couleur bleue.

Couleur pour l'eau-de-vie et le rhum.

On met à fondre dans une bassine de cuivre rouge, non étamé, 5 kilog. cassonnade brune (qualité inférieure), avec 2 litres d'eau afin qu'elle ne brûle pas avant de fondre ; quand elle est fondue et que l'eau s'est évaporée, la cassonnade brûle alors et devient noire. Dans cette situation elle répand une odeur de brûlé très-forte et lorsqu'elle est bien brûlée, on l'ôte de sur le feu, et au même instant on y ajoute 5 litres d'eau-de-vie, ayant soin de remuer le tout afin que ce soit parfaitement lié et dissout. On filtre après, afin d'en retirer les parties les plus grossières, et on la met en bouteilles bien bouchées. Je donnerai à l'article *Eau-de-vie* la préparation du caramel plus économique, d'après le mode de fabrication d'Arras.

Teinture pour le curaçao,

LA SEULE AUJOURD'HUI ADOPTÉE POUR OBTENIR SA COULEUR VÉRITABLE.

500 grammes bois de fernambouc,
51 grammes cochenille en poudre,
15 grammes acide tartrique pulvérisée.

Vous faites bouillir dans quatre litres d'eau le bois et la cochenille, vous les faites réduire à moitié, vous y ajoutez de nouveau 2 litres d'eau et vous remettez sur le feu afin de les faire encore réduire à moitié. Vous versez le liquide dans un linge pour en séparer le bois, vous pressez et vous repétez l'opération encore deux fois, pour en retirer un litre ; cinq minutes avant de le retirer du feu vous y ajoutez l'acide tartrique en remuant avec une spatule ; et, après quelques bouillons, vous versez votre liquide dans une terrine vernissée. Pour conserver votre teinture, ajoutez un peu d'eau-de-vie ou d'alcool.

FRUITS A L'EAU-DE-VIE.

PRÉPARATIONS EN GÉNÉRAL.

Temps pour les cueillir ; précautions générales.

Les fruits doivent être cueillis par un temps bien sec et un peu avant leur maturité, en choisissant les fruits de nature saine et sans taches. Ils doivent conserver un peu de fermeté afin de supporter un léger degré de cuisson sans trop s'amollir ; car un fruit trop mûr s'imprègne facilement d'une grande quantité d'eau-de-vie, ce qui le rend désagréable à manger.

On peut confire à l'eau-de-vie tous les fruits doués d'une certaine fermeté, ainsi que plusieurs portions charnues des végétaux, tels que prunes, poires, coins, jeunes citrons, noix, raisins des meilleures qualités, tiges d'angélique, etc. ; en un mot, tout les fruits dont on croit en tirer un goût agréable. Tous les fruits à l'eau-de-vie doivent généralement recevoir plusieurs préparations que je vais décrire ci-dessous.

Blanchiment.

Immédiatement après avoir cueilli les fruits, on prend légèrement chaque fruit que l'on pique avec une épingle en divers endroits (5 ou 6 trous), puis on le jette dans l'eau froide, afin d'éviter que la peau crève et qu'il soit plus tôt pénétré du liquide (1). Après cette opération, on les tire avec une grande écumoire pour les plonger dans de l'eau bouillante et on les laisse jusqu'à ce qu'ils tombent d'eux-mêmes au fond de la bassine ; à cet instant on couvre la bassine et on éteint le feu ; on laisse refroidir pendant trois à quatre heures ; on rallume le feu et les fruits reviennent à la surface, il faut les enlever avec une

---

(1) S'ils étaient couverts de poussière, on les essuie avec un linge fin ; ou on les frotte avec une brosse, s'ils sont couverts de duvet.

écumoire et forcer le feu s'ils ne montaient pas ; on les met au fur et
à mesure dans l'eau froide dans laquelle on aura fait dissoudre
50 grammes d'alun par 12 litres d'eau. Le premier blanchiment fait
pâlir les fruits et les ramollit ; mais le second leur rend la couleur et
la fermeté (l'alun a la propriété de maintenir la couleur du fruit et
aide à sa conservation).

Le blanchiment qui enlève l'âcreté contenue dans l'écorce du fruit,
détruit son eau de végétation, tout en lui conservant sa forme et sa
couleur primitives. Pour bien opérer le blanchiment des fruits, il faut
1° que l'eau soit bien en ébullition ; 2° mettre les fruits tous à la fois
dans l'eau bouillante afin de concentrer le jus dans leur intérieur ; car,
à défaut de ceci, ils deviendraient en compotes, et la peau fendue et
ridée, leur ferait perdre tout leur charme.

Lorsque les fruits sont bien refroidis, on les retire de l'eau avec
beaucoup de précaution ; on les met à égoutter sur des linges ou des
tamis, en les rangeant avec ordre ; pendant qu'ils s'égouttent, on prépare les vases qui doivent les renfermer. Ces vases sont ordinairement
de grès, et doivent être plus larges d'entrée que la grosseur du fruit,
afin de pouvoir les ranger avec précaution.

On a eu soin de faire son mélange de sucre et d'eau-de-vie avant,
afin qu'aussitôt qu'ils sont dans les vases qui doivent les contenir pour
les conserver, ce mélange s'opère dans les proportions suivantes : de
125 à 180 grammes de sucre fondu dans un peu d'eau, par litre d'eau-
de-vie blanche de 20 à 22 degrés de Cartier ; après quoi on filtre à la
chausse (voyez *Filtration*), pour avoir la limpidité des liqueurs. On
recouvre le fruit de cette préparation et on bouche bien hermétique-
ment les vases si on veut les conserver longtemps ; pour cela il faut les
mettre dans un endroit frais, sec et obscur, afin que la fermentation
ne s'établisse moins facilement ; car c'est là l'agent de destruction qu'ils
ont le plus à craindre.

Si l'on mettait ces fruits sortant de l'arbre dans l'eau-de-vie, sans
opérer le blanchiment, on obtiendrait un mauvais résultat : l'eau-de-
vie chasse l'eau produite par la végétation ; sans cela le fruit deviendrait noir, d'une âcreur et d'un goût désagréables.

Les fruits préparés par ces procédés peuvent se conserver pendant deux ans ; au bout de ce temps la macération les ramollit et finit par les réduire en marmelade.

Prunes de reine-claude à l'eau-de-vie.

On fait choix de prunes de reine-claude avant leur parfaite maturité, on les pique jusqu'aux noyaux par cinq ou six trous, on les jette dans l'eau froide, on place une bassine sur le feu et lorsqu'elle est en ébullition, jettez-y vos prunes toutes à la fois ; vous aurez soin d'ajouter à votre eau bouillante, 20 grammes d'alun par 12 litres d'eau. Lorsque les prunes se précipitent au fond de l'eau, éloignez le feu ; laissez refroidir deux heures, après ce temps ranimez le feu, et lorsqu'elles montent à la surface de l'eau en ébullition, enlevez-les au fur et à mesure ; puis vous les plongez dans de l'eau très-froide. Après deux ou trois heures vous les mettez à égoutter, après quoi vous préparez le sirop et l'eau-de-vie comme il est dit à l'article *Blanchiment*, et au bout d'un mois elles sont bonnes à manger. On a toujours soin de conserver la queue des prunes.

Si on voulait mettre les prunes au sirop, il suffirait de les prendre après qu'elles sont égouttées, c'est-à-dire après les dix degrés de cuisson ci-dessus. On fait cuire son sucre à la nappe, on y verse de l'eau pour le mettre au petit liseré, et on place les prunes qu'on laisse bouillir trois à quatre minutes ; on les retire deux ou trois heures après, et le lendemain on procède à la même opération en séparant toujours le fruit du sucre, donnant un degré de cuisson à ce dernier à la dernière opération ; on laisse bouillir le fruit avec le sucre et on le retire comme il est dit ci-dessus pour le laisser égoutter. Le sirop doit peser bouillant 50 degrés et à défaut de pèse sirop on doit l'essayer dans un verre d'eau ; il faut qu'il soit presque cristallisé. Après qu'il est froid, on le met sur le fruit rangé dans des bocaux ou vases bien bouchés, dans lesquels on ajoute le quart de son volume d'eau-de-vie et quelques gouttes d'essence de menthe, afin d'empêcher la fermentation du sirop.

En suivant exactement ce procédé, on est sûr d'arriver à un bon résultat, car leur beauté dépend de la précaution apportée au blanchiment.

Prunes mirabelles à l'eau-de-vie.

On procède absolument de la même manière que pour la reine-claude.

Abricots à l'eau-de-vie.

On suit le même procédé que pour les prunes, sauf qu'on leur enlève avec un couteau bien pointu la queue jusqu'aux noyaux, sans que cela paraisse. (Voyez toujours l'article *Blanchiment.*)

Pêches à l'eau-de-vie.

Même opération, ayant toujours soin de choisir de beaux fruits, pas trop mûrs, d'une belle couleur et sans être piqués.

Cerises à l'eau-de-vie.

Prenez 2 kilog. de cerises précoces et bien mûres, écrasez-les, après avoir ôté les queues, et concassé les noyaux. On met le tout dans une bassine de cuivre rouge avec 500 grammes de sucre, 250 grammes de framboises, 4 grammes de girofle ou vanille, 6 clous de girofle, et on fait bouillir le tout jusqu'à réduction d'un tiers ; on le verse dans un pot de faïence, et on y ajoute 2 litres d'eau-de-vie blanche à 60 degrés, l'exposant au soleil pendant quinze jours ou trois semaines. On prend des cerises de Montmorency, à peine mûres, quantité suffisante pour être couverte de la préparation ci-dessus, que l'on a eu soin de bien filtrer ; et on met ces nouvelles cerises qui s'imprègnent du ratafia aromatisé. Par ce procédé, elles conservent leur grosseur, leur couleur et une saveur des plus agréables. (1)

Chinois à l'eau-de-vie.

Petites espèces de citrons verts qui viennent de l'étranger ; mais, à défaut de ceux-ci, on peut fort bien se servir de ceux récoltés dans le

---

(1) On peut augmenter la quantité dans les mêmes proportions.

Midi de la France. Voici leur préparation : Faites choix de petits citrons ou oranges longtemps avant leur maturité, on les pique de trois à quatre coups d'épingle, on les jette dans l'eau froide, puis dans une bassine que l'on place sur le feu, et on les fait bouillir à petits bouillons quatre à cinq minutes; pour prolonger l'infusion on apaise le feu (il ne faut pas donner aux fruits le temps de cuire). Après on les jette dans l'eau froide en ayant soin de la renouveler de demi-heure en demi-heure, pendant quatre fois; puis on les lave, on les égoutte bien et on les fait cuire dans un sirop assez léger, afin que, lorsque vous en piquerez un, son propre poids suffise pour le faire tomber au fond. Après ces diverses opérations, vous préparez un sirop en consistance convenable [50 à 52 degrés], bien cuit, que vous mélangez d'un quart de la quantité d'eau-de-vie. Vous les rangez dans des vases convenables bien bouchés et dans un lieu tempéré.

Noix vertes à l'eau-de-vie.

Faites choix d'une certaine quantité de noix vertes, cueillies quelques jours avant le 24 juin, que le bois ne soit pas formé, en sorte qu'une épingle la traverse facilement; il faut les peler avec précaution jusqu'à ce que vous découvriez la petite membrane blanche qui sert de coquille, qu'elle soit totalement découverte. Vous les jetez dans une eau alunée dans les mêmes proportions que pour les prunes à l'eau-de-vie, ayant soin de les faire baigner et de changer d'eau au fur et à mesure qu'elles se colorent, afin d'éviter qu'elles noircissent. Après quelques instants, vous les jetez également dans une bassine d'eau alunée avec environ 250 grammes de cendre renfermée dans un linge pour les lessiver, et vous les mettez sur un feu doux; vous les laissez bouillir légèrement afin de prolonger l'infusion; puis vous les retirez et les passez dans trois ou quatre eaux froides; les égoutter et les passer au sirop léger, afin que lorsque vous en piquez une de quatre à cinq trous, elle tombe de son propre poids au fond de la bassine; alors on les retire et on les laisse égoutter. Procédez ensuite exactement comme pour les *chinois*.

Raisins à l'eau-de-vie.

On fait choix de trois kilogrammes de raisin muscat, le plus gros et pas trop mûr; on l'égraine avec précaution sans le mâcher; on lui donne trois ou quatre coups d'épingle et on le jette dans un baquet d'eau fraîche pour le laver; puis on l'égoutte; on les essuie avec un linge fin avec précaution; d'un autre côté, on exprime du même fruit, dont aura aussi fait choix, de quoi reproduire un litre de jus, que vous mélangerez avec un litre d'eau-de-vie et quantité de sirop que vous jugerez convenable; vous filtrerez et verserez sur votre fruit que vous aurez mis avec précaution dans un bocal ou autre vase que l'on tient bien fermé, dans un lieu tempéré et obscur. On peut procéder de la même manière pour toute sorte de raisin; et si l'on désirait ajouter un goût étranger à celui du raisin, on aurait recours à une légère infusion de fleur de sureau, ou à un morceau d'angélique, ou à toutes autres plantes ou arômates que l'on jugera convenables.

Poires à l'eau-de-vie.

On fait choix d'une certaine quantité de poires connues sous le nom de *poires de rousselet*. Ces fruits, par leur parfum, sont les plus estimés; voici leur préparation : Après avoir choisi ces fruits on les pèle avec soin par petites lames minces, en conservant toujours la queue dont on coupe l'extrémité; on les jette au fur et à mesure dans une eau fraîche alunée dans la même proportion que pour les prunes, afin qu'elles ne noircissent pas. Après cette opération on les précipite dans une eau bouillante, et lorsqu'elles commencent à fléchir sous les doigts, on les retire, on les plonge dans l'eau froide dans laquelle on aura ajouté le jus de quelques citrons : en cas où l'eau, par la chaleur des poires, s'échaufferait, on la remplace par de la fraîche. Quand le fruit est froid on l'égoutte et on le range dans des bocaux, qu'il y ait le moins de vide possible, ayant toujours soin de conserver la queue. Pendant que l'on arrange les fruits, on fait cuire son sirop que l'on verse bouillant sur les peaux des poires mises en réserve, afin d'en extraire le parfum et le goût qui résident dans la peau de ce fruit; on laisse infuser jusqu'à ce qu'il soit froid et on ajoute sur 5 litres de sirop, 2 litres d'eau-de-vie à 22 degrés. On filtre à la chausse et on verse sur le fruit, on bouche bien et on le met dans un lieu tempéré.

Verjus à l'eau-de-vie.

Faites choix d'une certaine quantité de verjus, le plus gros ; égrainez-le, ôtez les pépins et suivez les mêmes préparations que pour les raisins muscats.

SIROPS.

Sirop d'absinthe.

Sommités de grande et petite absinthe sèches, de chaque espèce, 48 grammes.	0 k. 96 gr.
Faites infuser pendant vingt-quatre heures dans 1 litre 1/2 d'eau bouillante, ou	1 k. 500 gr.
Sirop de sucre cuit aux 54 degrés, bouillant,	1 k. 750 gr.

On filtre et on met en bouteilles.

Sirop de sucre simple (1).

Sucre blanc, 6 k.
Eau commune, 2 litres ou 2 k.
Blanc d'œufs, 2.

On casse le sucre, puis on le met dans une bassine, remuez de temps en temps avec une spatule afin d'arriver à une dissolution parfaite ; prenez alors les deux blancs d'œufs délayés dans un litre d'eau de manière à ne former qu'une écume ; lorsque poussant le feu le sirop monte, reprimez-le en versant 1/5 de l'eau albumineuse ; enlevez l'écume qui se forme, et, à mesure qu'il monte, versez en deux autres fois votre eau albumineuse, un peu de hauteur afin de faire baisser le

(1) Voir sirop aussi à l'article Liqueurs.
La règle générale pour les sirops est de les condenser à 32 degrés.

sirop. Il doit avoir 51 degrés bouillant; on le retire du feu et on le passe à la chausse; une fois froid, on le met dans des vases bien bouchés pour s'en servir au besoin.

Observation. — On peut préparer ce même sirop sans le secours du feu, en faisant dissoudre deux parties de sucre dans une partie d'eau froide, ce qu'on appelle *sirop fait à froid*, (1).

Sirop de gomme.

Gomme arabique blanche concassée et lavée,	0 k. 500 gr.
Eau commune,	0 k. 500 gr.
Sirop simple,	2 k. 000 gr.

Après avoir lavé votre gomme mettez-la dans 500 gr. d'eau froide, dissoudre; après qu'elle est dissoute, vous ajoutez votre sirop à la dissolution; faites bouillir pendant trois à quatre minutes, écumez et passez à la chausse; après le refroidissement on met en bouteilles. Ce sirop doit avoir 50 degrés bouillant.

Sirop de framboises.

Framboises très-mures, 5 k.
Sucre, 5 k.
Eau, 1 litre.

Après avoir fait choix de vos framboises auxquelles vous avez ôté les queues, on verse dans le sirop qu'à produit vos cinq kilog. de sucre; on fait bouillir le mélange quelques minutes, puis on le verse dans un vase verni, et, lorsqu'il est presque froid, on le passe sans expression, et on le met en bouteilles.

Une fois la saison des framboises passées, par le sirop ci-dessus il

---

(1) Pour bien clarifier le sirop, il suffit de le décrasser au blanc d'œufs et de le passer à la chausse pour bien le filtrer. Et pour le conserver sans qu'il fermente, il faut 1° qu'il soit bien cuit; 2° que les bouteilles soient bien bouchées; 3° qu'elles soient à une température pas trop élevée, et surtout à l'abri des rayons du soleil; 4° que les bouteilles soient bien pleines.

est facile de se procurer du sirop de vinaigre framboisé, en versant une suffisante quantité de ce sirop dans le sirop de vinaigre ordinaire.

Sirop de capillaires.

Capillaires du Canada ou de Montpellier,	0 k. 128 gr.
Eau bouillante, 5 litres ou	5 k.
Sirop de sucre,	2 k.
Eau de fleur d'orange,	0 k. 54 gr.

On fait infuser le capillaire dans l'eau pendant 24 heures ; on mêle au sirop, et l'on fait cuire à 54 degrés bouillant ; l'on ajoute ensuite l'eau de fleur d'orange. On filtre et on met en bouteilles.

Sirop de guimauve.

Racines de guimauve sèches, bien blanches et pilées,	0 k. 250 gr.
Sirop de sucre,	8 k.
Eau commune, 1 litre 1/2	1 k. 500 gr.

On coupe cette racine par petits morceaux et on la fait macérer pendant huit jours dans l'eau ci-dessus énoncée ; on filtre l'eau sans exprimer la plante et on ajoute le sirop au bout de quatre à cinq minutes d'ébullition ; on le ramène à 50 degrés bouillant. On le passe au tamis fin et on le met en bouteilles.

Sirop d'argent.

Ce sirop ayant le désavantage de se séparer avec le temps, plusieurs distillateurs et pharmaciens ont cherché à le rendre homogène. De tous les moyens proposés voici, selon moi, le meilleur :

Amandes douces bien choisies,	0 k. 750 gr.
Amandes amères,	0 k. 500 gr.
Eau filtrée, 5 litres ou	5 k.
Eau de fleur d'orange,	0 k. 160 gr.
Essence de citrons, six gouttes,	5 k.
Sucre de belle qualité.	

On monde les amandes à l'eau bouillante, on les lave à l'eau froide, on les pile avec le quart de sucre à employer jusqu'à ce que l'huile surnage de beaucoup la masse, en ayant soin de ne pas ajouter d'eau qu'elle ne soit à ce point. A cet état on l'ajoute peu à peu pour former l'émulsion ; on la soumet à la presse et on y ajoute le sucre qui reste. On chauffe de 50 à 55 degrés environ, puis on passe au tamis. On laisse refroidir et on met en bouteilles.

En suivant exactement cette formule, on est toujours certain d'obtenir un sirop homogène.

Sirop de vinaigre framboisé.

Bon vinaigre rouge,	1 k.
Sucre ou sirop	1 k. 500 gr.
Framboises,	1 k. 250 gr.

L'on suit le même procédé que pour le sirop de framboise ; si l'on veut faire du sirop de vinaigre simple, on supprime la framboise et on le porte à 50 degrés bouillant.

Sirop de groseille.

Groseilles rouges égrappées,	5 k.
Cerises aigres,	0 k. 560 gr.

On prend cinq kilogrammes de groseilles bien mûres, on sépare les râfles, on les écrase dans un vase de grès avec les cerises, puis ensuite vous les mettez dans un lieu frais, à la cave, pendant 50 à 56 heures ; on presse alors le suc et on ajoute par 500 grammes de ce suc 896 grammes de sirop ou de sucre. On filtre et on met en bouteilles.

Nota. On peut augmenter ou diminuer la quantité des sirops, en suivant les mêmes proportions sus-énoncées, dans les procédés décrits ci-dessus.

TABLEAU *des degrés que présentent les sirops à l'aréo-mètre ; différence de degrés entre le sirop bouillant et le sirop froid.*

DÉNOMINATION des divers degrés de sirop.	DENSITÉ à la température de 12 degrés.	DENSITÉ au point de son ébullition.
Sucre candi ou cristallisé...	33 ½	30
Sucre blanc ordinaire......	33 ½	30
Sirop de capillaires........	34 ½	34
— de gomme..........	30	34
— d'orgeat...........	34	34
— de vinaigre.........	34 ½	34
— de groseille........	35	34 ¼
— d'absinthe.........	34	34

50 kilog. de sirop de sucre très blanc, contiennent 26 kilogrammes 562 grammes d'eau.

1 kilog. 562 grammes d'eau pure demandent 51 grammes de sucre pour indiquer un degré au pèse sirop.

51 grammes d'eau ajoutée à 500 grammes de sirop à 54 degrés, le font descendre à 55 degrés.

500 grammes de sirop de sucre à 56 au point de l'ébullition, exigent 119 grammes d'eau pour le ramener à 55 1/2 de consistance acquise. (Tableau de M. Leclerc).

Punch ordinaire.

Eau-de-vie à 22 degrés, 5 litres,
Jus de six citrons et deux oranges,
Sucre, 2 kilogrammes.

8

On fait fondre le sucre avec 1/2 litre d'eau, on le condense à 32 degrés, puis on y ajoute le jus des citrons et oranges ; une fois froid, on y mêle les 5 litres d'eau-de-vie, on filtre et on met en bouteilles, pour servir au besoin. Lorsque l'on veut s'en servir on met 1/5 du verre d'eau bouillante. On peut faire, par ce même procédé, le punch au rhum, au kirch et au rack : on remplace l'eau-de-vie par le rhum ou le kirch, etc.

Faire le punch à la minute.

Prenez deux verres de sirop de capillaires ,
Un vere de rhum, un verre de curaçao ;
Mettez le tout dans une bouteille ayant soin de bien la secouer. Lorsque vous voulez le servir mettez 1/5 du verre à punch d'eau bouillante.

Bichoff, ou punch froid.

Vin blanc de Chablis ou de Champagne, 1 litre,
Sucre ou sirop, 575 grammes.
Un citron coupé par tranches et un verre de kirch ; on mêle le tout ensemble ; on a eu soin auparavant de faire fondre son sucre pour le réduire en sirop ; on peut remplacer le kirch par le rhum ou l'eau-de-vie, ou toute autre liqueur.

Fabrication des essences pour les liqueurs faites sans distillation.

PRÉPARATION DE L'ESPRIT DE VIN POUR LES CONSERVER ET LES EMPÊCHER DE RANCIR.

Prenez un litre d'esprit de vin à 40 degrés ou 42, dans lequel vous mettez 50 grammes de potasse et 5 grammes d'alun réduit en poudre ; secouez la bouteille matin et soir pendant trois jours. Vous réservez cette préparation pour couper les essences ci-dessus dénommées.

La potasse, terre absorbante, a pour but de se saturer de la partie d'eau contenue dans l'esprit, et l'alun enlève l'âpreté des essences. Cette combinaison de l'alun avec la potasse et l'esprit, dissout tellement bien les essences, que les liqueurs faites à froid se conservent aussi bien que celles distillées, et ont plus de finesse.

Plusieurs essences se dissolvent difficilement à l'alcool préparé. Je donnerai à cet égard le procédé pour faire l'esprit de muriate, pour couper aussi les essences.

Dissolvez les essences avec l'esprit indiqué ci-dessus ; par ce procédé elles ne rancissent pas, et se conservent très-longtemps.

Essence d'anis.

Prenez 54 grammes essence d'anis que vous mélangerez avec 54 gr. d'esprit ; préparez, avant de mélanger les essences : elles doivent être en pure nature, c'est-à-dire telles qu'on les achète chez le marchand. Coupez de la même manière tous les essences suivantes :

Canelle	Macis,
Canelle de Ceylan,	Marjolaine,
Coriandre,	Genièvre,
Amandes amères,	Hyssope,
Calamus aromaticus,	Laurier,
Cèleri,	Gingembre,
Cumin,	Carvi,
Curaçao,	Fenouil,
Angélique,	Néroli,
Bigaraudes,	Mélisse,
Badiane,	Valeriane,
Citron,	Portugal,
Cédrat,	Thym,
Menthe poivrée anglaise,	Rose,
Menthe poivrée,	Patchouli,
Muscades,	Persil,
Myrrhe,	Romarin,
Girofle,	Serpolet,
Lavande,	Piment de la Jamaïque. etc.

. L'essence de jasmin s'emploie telle qu'on l'achète chez les parfumeurs.

D'après la coupe de toutes ces essences, vous pouvez fabriquer toutes espèces de liqueurs en les mélangeant dans les mêmes proportions qu'elles sont données à l'article *Fabrication des liqueurs faites sans distillation.* Exemple, je veux faire du curaçao :

Je prends 16 grammes essence de curaçao,

12 gouttes essence de Ceylan, et le jus et la râpure de 10 oranges.

D'après la fabrique des pères dominicains de Sainte-Marie-Nouvelle de Florence, 50 grammes suffisent pour fabriquer 80 bouteilles de liqueur.

Esprit de muriate pour couper les essences.

Prenez de l'acide muriatique dans une terrine ou vase de terre quelconque, mettez égale quantité de chaux vive en poudre bien pulvérisée et passée au tamis, remuez jusqu'à ce que vous ayez formé une pâte dure ; puis faites sécher cette pâte au four, jusqu'à ce qu'elle soit ferme comme une pierre ; on la broie pour s'en servir. Prenez douze litres de 5|6 à 86 degrés, mettez-le dans un alambic et vous distillerez pour en recevoir 9 litres qui auront alors 56 degrés ; vous mettrez de nouveau ces 9 litres avec 2 kilog. d'esprit de muriate, préparé comme ci-dessus, vous distillerez pour en avoir 7 litres, qui pèseront 42 degrés. Vous couperez aussi de cette manière toutes vos essences pour les conserver.

Moyen de reconnaître si les essences sont falsifiées soit par l'esprit de vin, soit par l'esprit de muriate, ou par l'huile rectifiée.

On met dans une fiole trois ou quatre gouttes d'eau avec une petite quantité d'essence par dessus, si elle est de bonne qualité elle doit se troubler : il pourrait y avoir cependant de l'huile rectifiée. En prenant du papier à filtrer et versant dessus, de cette même essence deux ou trois gouttes, on fait sécher la tache à une douce chaleur ; si elle disparaît entièrement, l'essence est bonne, si elle laisse l'empreinte de la goutte, elle est chargée d'huile rectifiée. En mettant égale quantité d'esprit à 42 degrés, elle doit venir plus claire que quand elle est seule, si elle n'est pas fraudée. Lorsque l'on a mis quelques gouttes d'eau, l'essence ne se trouble pas ; il y en a aussi pour tromper l'acheteur. Malgré ces essais, on pèse alors dans une petite fiole 15 grammes d'eau ; une fois reposée l'on marque la hauteur juste avec de l'encre, et on y met 15 grammes d'essence ; en secouant la fiole et laissant reposer, vous voyez si votre marque est bien juste au volume d'eau, l'essence restant par dessus ; s'il y a de l'esprit ou autre liquide, il se lie avec l'eau et augmente la hauteur marquée. On voit par là si elle est falsifiée.

Nota. Pour éclaircir vos essences, il suffit de mettre cinq ou six gouttes d'esprit de muriate ; elles redeviendront claires comme si elles n'avaient jamais été troublées.

Table des Matières.

PRÉFACE.

1re Partie. — Vins en général.

Origine du vin,   p. 5

Fabrication des vins artificiels.

Préparation du moût pour imiter les vins factices,   8
Vin de Malaga, Madère,   9
— Frontignan, Lacryma-Christi, Xérès, Muscat,   10
— Bordeaux, Saint-Georges, Porto,   11
— Malvoisie, Mâcon,   12
Imitation des vins de Chypre,   12
Imitation des vins de Tokay.   13
Faire avec du vin blanc, sans le secours d'aucun aide, un vin mousseux et doux,
    qu'on prendrait pour du champagne,   13
Vin du Rhin,   13
Vin de raisin appelé Muscat,   14
Vin de raisin appelé Francpineau,   14
Vin blanc d'absinthe,   14
Travail du vin de Champagne,   15
Liqueur de Champagne,   17
Conservation du moût connu sous le nom de vin muet ou clairette   17

Procédés divers pour améliorer les vins.

Disposition d'une bonne cave, temps propre à soutirer les vins,   18
Collage ou clarification des vins,   19
Colle de Poisson,   20
Soufrage des vins,   20
Mèches soufrées ordinaires,   21
Mèches parfumées, pour donner bon goût au vin rouge,   21
Mèches végétales, pour la conservation de tous les vins,   21

Procédés divers sur les vins et les mauvais goûts des fûts.

Goût de moisi au vin,	21
Oter au tonneau le goût de moisi,	22
Corriger un vin aigre et moyen de le guérir.	22
Oter le goût d'aigre aux barriques,	23
Adoucir un vin vert,	23
Oter le goût de fût au vin,	23
Amertume des vins,	23
Vin tourné,	24
Graisse des vins blancs,	24
Oter la couleur jaune aux vins blancs,	24
Règle à suivre pour toutes les maladies du vin et ses améliorations.	24
Pousse des vins,	25
Empêcher le vin de tourner ou d'aigrir,	25
Connaître les causes du trouble du vin,	26
Oter tous les mauvais goûts des barriques,	26
Empêcher le vin de se corrompre par le tonnerre ; le conserver longtemps.	26
Vieillir les vins et les conserver,	26
Procédés pour conserver les petites boissons,	27
Moyen de blanchir les fûts de vin rouge, et les mettre propres à recevoir du vin blanc sans qu'il soit tâché,	28

Différents parfums pour donner bon goût au vin.

Essence ou sève de Médoc,	27
Bouquet ou mélange très propre à améliorer les vins,	28
Donner un bon goût et une bonne odeur au vin d'Espagne ou autre,	28
Vinaigre de râpe qui ne se décompose jamais,	29
Tableau des droits de circulation pour les vins, à payer pour les congés par chaque département.	30
Tarifs des droits d'octroi et d'entrée pour les vins, eaux-de-vie, vinaigres, cidres, poirés, hydromels, bière, de la ville de Paris,	34
Ordonnance royale du 22 mars 1833, qui fixe les locations des caves, dans l'entrepôt général de Paris,	33
Dimensions des différentes espèces de futailles fabriquées à Saint-Jean-d'Angély, Cognac, Saintes, etc.	34

2e Partie. — De l'alcool et de l'eau-de-vie.

Raisonné sur l'alcomètre centésimal. — Instruction et définition de l'alcomètre centésimal.	38
Mouillage ou réduction des liquides spiritueux,	40

Mélange ou coupe des eaux-de-vie 3/6,   44

Oter l'âpreté, ou goût de chaudière d'une eau-de-vie nouvelle,   45

Donner le goût de vieux,   45

Caramel, fabriques d'Arras et de Cognac,   46

Choix des eaux propres au mélange des eaux-de-vie,   46

Petites eaux pour réduire les eaux-de-vie nouvelles en eaux-de-vie vieilles,   47

Procédés pour faire et vieillir de vieux cognacs,   48

Eau-de-vie appropriée aux goûts anglais,   50

Coupe des 3/6,   51

Faire de bonne eau-de-vie de Cognac avec les 3/6,   51

3/6 de betterave, en faire de bonne eau-de-vie, sa clarification en 12 à 13 heures, et les moyens de l'empêcher de se décomposer à l'air libre,   51

Infusion alcoolique de noix vertes,   52

Bonifier les eaux-de-vie de la Rochelle et autres,   52

Détruire les mauvais goûts donnés aux eaux-de-vie par divers accidents,   53

Procédé pour faire le rhum,   53

Kirch-Wasser,   54

Vermouth de Turin,   54

Rectification de l'alcool. — Poids de l'alcool,   54-59

Table des réactifs ou précipités pour reconnaître la falsification des vins, eaux-de-vie, vinaigres,   55

Solution de baryte,   57

Sous-acétate de plomb,   57

Acide sulfureux,   58

L'hydrochlorate de baryte et muriate de baryte,   58

Sulfate double ou triple d'alumine, de potasse et d'ammoniaque (alun),   58

L'alcool,   58

Oxalate d'ammoniaque,   58

Tableau du prix de l'hectolitre d'eau-de-vie, mis en rapport avec le prix des vingt-sept veltes et le prix de chaque velte,   60

3ᵉ Partie. — Des liqueurs.

Filtration de toutes espèces de liquides, moyen le plus simple et le plus prompt de filtrer,   64

Manière de faire le sirop,   66

Degrés de sirop que doivent avoir les liqueurs, suivant leurs qualités,   66

Recettes pour fabriquer 20 bouteilles de liqueurs sans distillation.

Anisette ordinaire,   67

Huile de noyaux,   67

Persicot,   68

Huile de rose, couleur rose,	68
Huile de Menthe, couleur verte,	68
Marasquin,	68
Rossolio,	68
Curaçao de Hollande,	68
Citronnelle, couleur jaune,	68
Huile d'ananas,	69
Eau d'argent,	69
Eau d'or,	69
Crème des nymphes,	69
Huile cinnamonum, couleur jaune paille,	69
Rose blanche,	69
Ruga,	69
Eau de chasseur, couleur verte,	69
Baume humain,	70
Huile de la Martinique, couleur jaune,	70
Connelin de Corfou, couleur jaune,	70
Huile de rhum,	70
Alkermès de Florence, couleur rose,	70
Garofolino, couleur rose,	70
Crème de Portugal, couleur jaune,	70
Crème de jasmin,	70
Crème de fleur d'orange,	71
Crème de rose, couleur rose,	71
Crème de cédrat, couleur jaune	71
Huile de girofle, couleur rose,	71
Eau des belles femmes couleur rose,	71
Elixir de néroli,	71
Huile de thé,	71
Eau de noix,	71
Parfait amour, couleur rose,	72
Coquette flatteuse,	72
Ratafia de Grenoble,	72
Ratafia de coins,	72
Ratafia de fraises	72
Ratafia de framboises,	72
Huile cordiale,	72
Rossolio de Breslau,	73
Huile de myrrhe,	73
Huile de violette,	73
Huile de Kirch-Wasser,	73

Fabrique de liqueurs par distillation.

Anisette de Bordeaux ordinaire, 74
Curaçao de Hollande ordinaire, 74
Elixir de Garus, couleur jaune, 74
Eau-de-vie de Dantzick, 74
Eau de paradis, 74
Eau divine, 75
Huile de Vénus, 75
Lait des vieilles, 75
Mirabolenti, 75
Verdolino de Turin, couleur verte, 75
Crème de moka, 75
Anisette de la Martinique, 75
Eau romaine, 76
Crème de cacao, 76
Crème d'angélique, 76
Crème de noyaux, 76
Curaçao, 76
Crème d'absinthe, 76
Crème impériale, 76
Crème royale, 77
Scubac d'Irlande, couleur jaune très-foncé, 77
Vespetro 77
Eau de Malte 77
Huile de céleri, 77
Huile d'anis des Indes, 77
Eau-de-vie d'Andaye, 78
Eau cordiale. 78
Cédrat de la côte Saint-André, 78
Eau de la côte Saint-André, 78
Huile de Jupiter, 78
Champ d'asile, 78
Parfait amour, couleur rouge, 79
Huile de rose commune, 79
Huile de jeunes mariés, couleur jaune, 79
Cassis, 79
Eau de noix, 80
Brou de noix, 80
Extrait d'absinthe, 80
Curaçao, ou liqueur d'écorce d'orange, d'après Raspail, 81
Liqueur de fleur d'orange, 81

Huile de rhum, 81
Véritable marasquin , suivant Valentin Sciécoste , distillateur à Zara, 81
Eau-de-vie de Dantzick, d'après un distillateur de cette ville. 82
Crocq des Carmes 82
Guignolet d'Angers, 83
Vespetro, 83
Persicot de Turin, 84
Parfait amour, 84
Crème de vanille, couleur rose violet, 84
Huile de Vénus, 84
Alkermès de Florence, 85
Crème de Moka, 85
Crème de Menthe , 85
Eau de Chasseur, 85
Rossolio, couleur rouge foncé, 86
Elixir de Garus, 86
Scubac d'Irlande, couleur jaune foncé, 86
Huile de rhum, 86
Eau-de-vie d'Andaye, 87
Crème d'absinthe, 87
Crème de Kirch-Wasser , 87
Crème de cachou, 87
Crème de jasmin, 87
Eau d'or, couleur jaune paille 88
Eau-de-vie de Dantzick, 88
Eau d'argent, 88
Alksir d'angélique, couleur verte, 88
Crème de fleur d'orange, 89
Crocq des Carmes, 89
Crème de citrons, 89
Crème d'oranges, 89
Crème des barbades, 89
Crème de cacao, 90
Crème d'œillets, 90
Grande-Chartreuse, 90
Ratafia de Grenoble, 91
Gignolet d'Angers, 91
Maraschino du Zara, 91
Goutte de Malte, 92
China-China , élixir vital , couleur jaune foncé, 92
Huile de rose, 92
Véritable curaçao de Hollande, 92

Anisette surfine, 93
Crême de noyaux , 93
Crême de Cachou . 93
Eau des amis , 93
Noyau de Phalsbourg , 94
Crême de Pucelle , 94
Huile d'amour , couleur violette , 94
L'ami de la santé , 94
Nectar des dieux , 94
Anisette de Bordeaux , 95
Crême de créole , couleur rose , 95
Extrait d'absinthe Suisse , on colore olive , 95
Aimable vainqueur , 96
China-China , élixir vital , jaune avec du safran , 96
Plaisir des dames , 96
Gaieté national , 97
Eau des abbés , 97
Elixir vital , 97
Elixir stomachique , 97
Eau de Napoléeon , couleur bleue , 98
Elixir de Raspail. Liqueur hygiènique de dessert , couleur olive claire avec du
    safran , 98
Véritable Scubac d'Irlande couleur jaune foncé , 98
Larmes des veuves du Malabar , couleur jaune foncé , 99
Zinzibert , jaune des arabes , couleur de curaçao un peu moins foncé , 99
Bouquet de la mariée , couleur rouge , 99
Aimable bretonne , couleur rose , 100
Eau nuptiale , couleur jaune , 100

Teintures colorantes.

Couleur rose , 100
Couleur rouge , 101
Couleur jaune , 101
Couleur verte , 101
Couleur bleue , 101
Couleur olive , 101
Couleur violette , 101
Couleur pour l'eau-de-vie et le rhum , 102
Teinture pour le curaçao . 102

Fruits à l'eau-de-vie.

Temps pour les cueillir ; précautions générales , 103
Blanchiment , 103

Prunes de reine-claude à l'eau-de-vie, 105
Prunes mirabelles à l'eau-de-vie, 106
Abricots à l'eau-de-vie, 106
Pêches à l'eau-de-vie, 106
Cerises à l'eau-de-vie, 106
Chinois à l'eau-de-vie, 106
Noix vertes à l'eau-de-vie, 107
Raisins à l'eau-de-vie, 108
Poires à l'eau-de-vie, 108
Verjus à l'eau-de-vie, 109
Sirop d'absinthe, 109
Sirop de sucre simple, 109
Sirop de gomme, 110
Sirop de framboises, 110
Sirop de capillaires, 111
Sirop de guimauve, 111
Sirop d'argent, 111
Sirop de vinaigre, 112
Sirop de groseille, 112
Tableau des degrés que présentent les sirops à l'aréomètre ; différence de degrés
   entre le sirop bouillant et le sirop froid, 113
Punch ordinaire, 113
Faire le punch à la minute, 114
Bichoff, ou punch froid, 114

Fabrication des essences pour les liqueurs faites sans distillation.

Essence d'anis, 115
Esprit de muriate pour couper les essences, 116
Moyen de reconnaître si les essences sont falsifiées, 116